I0839963

2

Jacki Sinant

La distance de proximité
dans la relation

Du constructivisme au changement

Essai
sur la communication humaine

Contacts :
Association Espace chrysalide
Les grandes terres
59, route de saint Germain du bois
71380 Oslon
mail : espacechrysalide@orange.fr

4

Edition : Books on Demand GmbH, 12/14 rond-point des Champs Elysées, 75008 Paris, France.
Imprimé par : Books on Demand GmbH, Norderstedt, Allemagne.
Dépôt légal : Aout 2010
ISBN : 978-2-8106-1820-0

Avant propos

Se rapprocher de l'autre pour flirter avec ses perceptions, pour regarder dans le même sens, pour agir vers des finalités communes ; ce serait là une des clefs pour un changement dans notre relation. Ce sera le postulat de cette réflexion.

Ce livre est pour moi l'occasion d'une introspection, en même temps que d'une prospection.

Il est très difficile de trier, d'organiser lorsque l'on parle de communication, d'autant que chaque exemple peut être l'objet de plusieurs approches. En cela, cette démarche me fait toucher du doigt la notion de complexité. Avancer une idée n'est pas en nier une autre ; et il n'est pas dans mon intention d'organiser ce qui est inorganisable, ce serait non seulement une prétention sans pareille ; mais surtout pure folie.

Pour utiliser une métaphore, je dirais que j'ai eu envie de mettre de la lumière dans le grenier pour avoir une idée de ce qui est entreposé.

Eh bien, c'est un peu le fouillis : que d'histoires, que de sens à donner, que de choses dont je ne sais pas d'où elles proviennent, ni à quoi elles pouvaient servir… alors essayons ensemble de mettre un peu d'ordre, non pas dans le grenier car c'est trop vaste entreprise, mais dans la perception de ce que l'on pourrait faire avec certaines de ces choses. Peut-être qu'en les identifiant en rapport à une finalité, elles prendront du sens ?

Sachant qu'il m'a fallu lire pour donner un sens à certaines de ces découvertes, je propose de partager cette exploration, en lien avec ceux qui par leurs écrits nous guident vers une possible compréhension.

Je suis ici comme un enfant face à un travail de discrimination ; vous savez, ces exercices de classements en fonction de plusieurs groupes possibles : trier par groupes de ce qui est comestible, non comestible ; ce qui est liquide ou solide, en fonction des couleurs, légume ou fruit, etc… tout le monde connaît plus ou moins ces petits exercices qui autorisent à plusieurs classements possibles en faisant intervenir la sagacité de l'enfant et agir son choix. On voit comment chaque chose peut être à la fois d'un groupe de couleur, en même temps que du groupe des solides et des non comestibles etc..

Aussi dans ma démarche, le risque de classifier est grand, mais sachant que tout appartient à diverses perceptions possibles, j'ai quitté certains espaces pour y revenir par d'autres fenêtres. J'ai simplement essayé de suivre une logique que je propose comme une forme de kaléidoscope où viennent miroiter toutes les idées qui se recoupent. Elles viennent éclairer ma pensée comme des échos redondants.

Mais n'est ce pas à l'image de la vie où tout est redondant et cependant à chaque fois si différent ?

Il ne s'agit pas ici de contenir, de cerner, de maîtriser ce qui pourrait conduire au changement via la communication.

J'ai simplement envie de traiter d'un levier parmi les multiples autres ; un levier qui autoriserait à oser changer pour mieux vivre sa relation à l'autre, aux autres, en passant par le rapprochement de nos perceptions du réel, ou plutôt de ce que nous croyons souvent être « la réalité ».

Il m'a été nécessaire, pour cela, d'utiliser des chemins de traverse.

C'est sur ce chemin transversal; une voie sinueuse au cœur de la systémique, la psychologie, la philosophie, la sémantique…, que je propose de vous rencontrer.

Un cheminement...

Je me rends compte aujourd'hui combien la question de « la réalité » est depuis longtemps au cœur de mes préoccupations. Déjà, lorsque j'étais en formation d'éducateur spécialisé à Recherches et Promotion à Lyon, pendant les années 1985/1989, cette question m'interpellait. En effet, dans le cadre d'un atelier vidéo, nous avions voulu, avec un collègue de formation, filmer une longue fresque murale au Creusot, en Saône et Loire. Cette fresque représente l'histoire minière du Creusot, nous avions alors choisi de filmer, chacun, une partie de ce mur.

Lorsque je proposais ce film aux autres collègues de formation, une idée m'est apparue très clairement : nous avions choisi de filmer chacun une partie de cette longue fresque ; en fonction de notre attrait visuel et de ce que cette représentation évoquait en nous. Nous avions nos propres filtres, et c'est avec ces filtres personnels que nous avons choisi ce que nous allions restituer au groupe. Nous avions donc deux petits films différents qui traitaient de la même fresque. De plus, chacun des membres du groupe recevait nos images avec, lui-même, ses propres filtres (attrait esthétique, évocation historique des images, ressentiment politique etc...) ; dès lors que restait-il de la réalité de cette fresque du Creusot dans l'imaginaire des collègues du groupe.

Je prenais conscience que leur perception individuelle n'était que peu représentative de la réalité de cette fresque. Ils s'en étaient construit une réalité possible d'après une série de filtres. Personne dans le groupe ne pouvait dire : « la fresque c'est cela !» mais pouvait seulement avouer qu'il n'avait qu'une vision très parcellaire d'une réalité qui lui échappait au profit d'une réalité imaginée, construite par lui-même.

Cette anecdote ne m'a jamais quittée, et a été l'objet d'un long cheminement qui me rendait peu sûr de moi, je n'arrivais plus à admettre ce que je voyais ou entendais comme « la Réalité » mais comme une pure création façonnée par mon esprit.

Continuant mon cursus d'éducateur spécialisé en Saône et Loire, je travaille dix années dans un foyer d'accueil pour adultes déficients mentaux, puis me retrouve dans un *IME*, ou très vite je postule pour un poste au *SESSAD* (service géré par l'IME.)

Nous avions alors un directeur qui encourageait fortement à ce que « l'approche systémique » soit une référence théorique supplémentaire pour les employés de ce service. (et des autres aussi)

Je m'inscris donc, dans le cadre de la formation continue, au centre de formation *RESEAU* à Dijon

Très vite des mots sont mis sur le fouillis de mon questionnement ! Les relations prennent un autre sens. On parle alors d'interactions, d'effets feed-back, d'éléments en mouvement dans un système etc… tout cela participe à éclairer mon cheminement, des liens idéologiques se tissent, ça résonne fort !

Lorsque j'étais jeune adulte, il m'arrivait d'imaginer le monde, comme si je pouvais m'en extraire et le regarder d'en haut, je voyais alors une espèce de fourmilière, une foule de gens qui s'activent, qui ne s'arrêtent pas. Je pensais alors à la théorie des ensembles, ces gens en mouvement sont à un moment donné dans des intersections de groupes d'appartenances

 (ex : groupe des jeunes, de ceux qui ont les cheveux longs, de ceux qui aiment le rock, de ceux qui se révoltent, des ruraux, des citadins, des pauvres, des ouvriers etc…) puis bifurquent vers d'autres intersections ; tout cela évolue, se modifie, mais ne s'arrête jamais.

Dès lors, comment parler de ce monde sinon que comme d'un mouvement perpétuel ?

Le figer à un moment donné ne pourrait être qu'un indicateur, qu'une photo, mais en rien la réalité d'un processus, puisqu'elle se reconstruit, s'auto- construit indéfiniment

Environ 25 années après cette « vision du monde », alors que je croyais être un peu cinglé de me laisser aller à de telles réflexions, j'avais maintenant des formateurs, des professionnels qui venaient m'aider à mettre des mots, du crédit sur ce que je pensais quelquefois être un dérèglement de mon esprit.

Ils me renvoyaient à ma propre histoire, m'obligeaient à préciser ma pensée, à l'inscrire dans une démarche, ils étaient à la fois proches de moi en même temps qu'ayant la distance formatrice, ce qui me conduira ultérieurement à penser le concept de « distance de proximité ».
Des notions comme interaction,   circularité, mouvement, prenaient petit à petit du sens.

Un jour, *François Moutarde* parle de l'autorité comme quelque chose qui se passe entre deux personnes mais qui ne peut être attribuée à une personne ; il parle de « relation d'autorité » qui se construit entre ces deux personnes, cela déclenche chez moi une réflexion qui continue aujourd'hui d'alimenter ma perception des phénomènes relationnels.

Puis vient le goût de certains livres ; moi qui ne lisais jamais, je découvre des gens comme ** *Grégory Bateson, Paul Watzlawick, Guy Ausloos ... plus tard Edgar Morin* (et bien d'autres) ; et si ma relation intellectuelle avec les écrits de ces Messieurs *(au sens noble du terme)* se drape d'une grande modestie, elle n'en demeure pas moins l'essence de toute ma démarche professionnelle et thérapeutique
Une aventure formative de six années avec RESEAU, des interventions comme formateur, une reconnaissance comme thérapeute familial, me conduisent aujourd'hui à m'autoriser cet écrit que je voudrais simplement proposer comme un partage d'une réflexion qui m'anime, et me poursuit depuis bon nombre d'années.

IME : *Institut Médico Educatif*
SESSAD : *Service d'Education Spéciale et de Soins A Domicile*
RESEAU : *Centre de recherche et de clinique sur la famille et les systèmes humains ; formations et consultations en thérapie familiale, de couple ou individuelle*
François MOUTARDE est psychologue clinicien, psychothérapeute, formateur et superviseur en thérapie familiale systémique ; membre des sociétés française (SFTF) et européenne (EFTA) de thérapie familiale. ; il est fondateur et président de RESEAU.

10

Gregory Bateson *(né le 9 mai 1904 à Grantchester, Royaume-Uni – mort le 4 juillet 1980 à San Francisco) est un anthropologue, psychologue, épistémologue américain. Influencé par la cybernétique, la théorie des groupes et celle des types logiques, il s'est beaucoup intéressé à la communication (humaine et animale), mais aussi aux fondements de la connaissance des phénomènes humains. Il est à l'origine de ce que l'on appelle l'école de Palo Alto.*

Paul Watzlawick, *né le 25 juillet 1921 à Villach (Autriche) et mort le 31 mars 2007 à Palo Alto (Californie) est un théoricien dans la théorie de la communication et le constructivisme radical, membre fondateur de l'École de Palo Alto. Docteur en philosophie, Psychologue, psychothérapeute, psychanalyste et sociologue, ses travaux ont porté sur la thérapie familiale et la psychothérapie générale. Auteur (entre autres) des livres: La réalité de la réalité, Une logique de communication, la nouvelle communication*

Guy Ausloos *est né à Bruxelles en 1940. Il commence en Belgique des études philosophiques puis médicales. Sa formation en psychiatrie infantile et adulte, puis psychanalytique et psychothérapique se réalise en Suisse francophone, où il acquiert une réputation de premier plan dans la thérapie des adolescents, en particulier de jeunes déviants, comme par les nombreuses formations qu'il assure ou par ses textes scientifiques. En 1986, il s'installe au Québec comme psychiatre en milieu minier puis à Montréal. Professeur agrégé de clinique à l'université de Montréal, il intervient dans des institutions psychiatriques ou sociales. Participant depuis 1970 au mouvement systémique, sa carrière professionnelle est marquée par son dynamisme efficace de praticien et de théoricien, formateur dans de nombreux contextes, brillant conférencier, auteur de nombreux articles*
Auteur (entre autres) du livre : La compétence des familles.

Edgar Morin, *de son vrai nom* **Edgar Nahoum**, *né à Paris le 8 juillet 1921 est un sociologue et philosophe français. Il définit sa façon de penser comme « co-constructiviste » en précisant : « c'est-à-dire que je parle de la collaboration du monde extérieur et de notre esprit pour construire la réalité ».*
Auteur du livre: Introduction à la pensée complexe, parmi plus d'une cinquantaine d'ouvrages traduits en 28 langues dans 42 pays.

Avertissement

J'ai pris conscience pendant l'écriture de ces quelques pages, et en discutant avec des collègues que la compréhension liée à une forme de logique pouvait faire défaut. Il est vrai que, comme je l'ai écrit dans l'avant- propos, beaucoup d'idées viennent miroiter sans complètement se joindre et qu'il m'est difficile de poursuivre mon raisonnement avec un fil conducteur clair.

La première partie s'attachera à aller chercher ce qui, à l'intérieur de nous même, élabore notre psyché à partir de ce que nous appelons constructivisme, ou comment j'intègre l'idée de la réalité, celle qui sert d'écrin à ma communication.

Dans la deuxième partie, j'ai tenté d'approcher des paramètres qui interviennent dès que ma réalité interne se met en relation avec celle de l'autre. J'ai pour cela essayé de repérer des éléments clés qui viennent baliser, étayer, parasiter ce mouvement relationnel que je compare à une chorégraphie.

La troisième partie engloberait les concepts des deux premières, à savoir que la mise en situation de nos constructions s'offrent comme une scène où chacun est à la fois acteur et spectateur. Chacun de nous aurait un rôle prédéterminé (espoirs familiaux, culture ...) et/ou en partie créé pour échapper à cette prédétermination et affirmer notre singularité. Dès lors nous percevons le monde en fonction de ce qui nous anime.
Qu'en est-il de ce qui serait réel et sérieux par opposition à ce qui ne le serait pas ? La notion de « Théâtre » ne revêt aucune connotation péjorative, elle désigne la scène de nos rencontres comme le « contenant » des rôles qui ont tous leur importance et leur signification dans le processus de notre vie, de la vie.

La quatrième partie vient souligner des difficultés, des souffrances que peuvent ressentir certains acteurs. Ils demandent quelquefois l'aide d'un tiers pour sortir d'une situation difficile à vivre. Ce chapitre n'a pas pour but de décrire, d'étudier en profondeur ce que revêt l'aide thérapeutique, il tente d'intégrer les notions développées précédemment à la relation d'aide, « l'aidant » étant lui-même pris dans les méandres de sa relation à l'autre.

En cela, il n'est pas question de recette à l'aide mais simplement d'une réflexion qui m'apparait importante quand mon rôle est d'avoir une fonction thérapeutique.

L'idée « fil rouge » développée dans ces quelques pages, à savoir « la distance de proximité », vient mettre l'accent sur l'importance de ce positionnement dans ma relation à l'autre. Ce serait comme un lien qui autoriserait plus facilement l'évolution de chacun vers une perception nouvelle, moins souffrante dira **P. Watzlawick** quand on s'attache à la relation d'aide thérapeutique. De cette nouvelle perception pourra naître de nouveaux désirs, de nouveaux « possibles ».

Pourquoi distance *de* proximité et non pas distance *et* proximité ? Il m'a semblé que le « et », sépare, distingue les deux notions qu'il se veut additionner, alors que le « de » réunit, lie les deux notions que je présente comme imbriquées, dépendantes l'une de l'autre, comme faisant parties d'un tout indissociable dans la démarche d'aide, l'une étant toujours perceptible quand l'autre domine.

Pour reprendre la métaphore du grenier, citée dans le préambule, je dirais qu'après avoir rangé de manière encore aléatoire, je propose cet espace comme un espace libre où chacun pourra se servir selon son intérêt, ses résonances, ses questionnements. Il m'importe que chacun puisse s'ouvrir à sa propre logique, puisse imaginer ses rangements personnels, établir ses propres liens, imaginer ce qu'il aurait à rajouter ou à ôter… Ce serait à l'image de ce que je tente de développer en toile de fond : la complexité de contenir, de définir la vie, car elle prend essence dans la perception et l'expérience de chacun.

Première partie

constructivisme

et

communication.

S'il existe beaucoup de définitions de la communication au sens général, je m'attacherai ici à centrer mon propos sur les formes interindividuelles de communication, celles que nous utilisons dans notre rapport aux autres.

Nous parlerons donc de la relation, celle qui quotidiennement nous permet de créer du lien en échangeant avec les autres.

Communiquer c'est partager un point de vue sur les choses, sur une situation, sur la vie.

Communiquer, c'est participer à un échange, c'est envoyer des messages en même temps que j'en reçois.

Communiquer c'est aussi tenter de donner du sens au présent.

Avoir un point de vue, c'est avoir déjà élaboré un processus mental qui conduit à une pensée, en référence à une expérience.

Chacun de nous vivrait toute situation relationnelle avec une idée préalable, une construction intellectuelle et émotionnelle de ce qu'il voit, entend, ressent…

Nous abordons l'autre avec cette idée initiale que nous proposons de soumettre à sa perception, et c'est ce même mécanisme que l'autre met en jeu dans la relation.

Dès lors, une question se pose : comment s'est construite cette idée préalable de chacun?

Cette idée serait notre définition de la réalité, une synthèse de ce que nous avons appris à percevoir comme une forme de « la vérité ».

Qu'il s'agisse de l'homme ou de l'animal, la communication suppose différents vecteurs pour s'exprimer que nous appelons le langage au sens large du terme. J'entends ici par langage tout ce qui, consciemment ou inconsciemment, vient renseigner l'autre à partir de ce qu'il a appris à reconnaître.

En cela tout devient important dans ma manière de communiquer.

Je propose donc, dans cette première partie, un voyage au cœur de certaines notions qui viendront éclairer ce qui participe à construire et baliser notre perception de la vie.

De la réalité à la perception

Combien de fois nous arrive-t-il de dire « c'est la réalité » ?
Que serait cette réalité dont nous parlons ? Ce que je perçois est-il le réel ?
Nous observons souvent les choses, les évènements, les situations comme s'ils étaient extérieurs à nous.
D'abord, pour qu'il y ait observation, il faut un objet observé et un observateur.
L'observateur, dès lors qu'il regarde un objet, reçoit un message, il interprète ce qu'il voit.
A partir de là, l'objet observé subit une distorsion de ce qu'il est pour entrer dans le registre de cette interprétation. On pourrait dire, il ne s'appartient plus à lui-même puisqu'un tiers tente de dire ce qu'il est.
L'interprétation, en ce sens qu'elle traduit la réalité avec les éléments de la culture personnelle de l'observateur, donne une saveur, une couleur, une tonalité, une émotion… à l'échange avec l'objet, c'est ce que j'appellerai le mécanisme de perception.
Percevoir, au sens de donner un contenu à notre appréhension du réel en faisant usage de nos sens, me semble une excellente entrée en matière de ce que nous allons développer.

La relation avec l'objet fait appel à une communication intra-personnelle c'est-à-dire à des processus contenus à l'intérieur de la personne : perceptions du monde, créations de significations, usage d'une langue, repères culturels, repères émotionnels … qui structurent la pensée. Le réel est une construction mentale qui n'existe que dans la représentation que chacun s'en fait.

> *« La pensée s'organise d'abord à partir des perceptions qui alimentent les premières représentations sensorielles. Dès le premier jour de sa naissance, le nourrisson est confronté à un monde mis en scène par ses parents et leur culture ».*
> *Boris Cyrulnik ; les nourritures affectives ; pages 15-16*

Comment s'élabore le processus interne de notre perception ?

le contexte : acquisitions d'informations, création de significations, apprentissage et usage d'une langue…
Les affects : émotions, douleurs, plaisir … ou comment je me construis dans mes rapports aux gens, aux choses, à la nature….ce que mes parents, ma famille m'ont donné comme repères…
Mes références perceptuelles :
la culture : quelle organisation sociale influence mes rapports aux autres, aux choses ?… quelle culture familiale a étayé mon évolution ?
la création de mon identité : quels ont été mes modèles identificatoires ? qu'est-ce qui me permet de me différencier ?
Mon processus existentiel : mes motivations, mes intérêts, mes besoins, mes désirs, mes limites …
Cela n'est certes pas exhaustif, mais nous pouvons déjà entrevoir une bonne partie des mécanismes qui s'animent à l'intérieur de nous et qui font office de filtres quand nous interprétons ce que nous percevons (organisation de notre monde interne). Tous ces ingrédients, imbriqués les uns aux autres et difficilement dissociables, font de nous un être unique. C'est avec cette singularité que nous observons, ressentons, filtrons, la réalité qui nous entoure.
Cette réalité est dès lors triturée, triée, séparée, interprétée…

Dans le cas d'un échange avec un tiers, elle est transmise après avoir subie l'influence de tous ces filtres pour devenir objet de perception du tiers qui mettra, à son tour, en œuvre ses propres filtres. Nous sommes là dans le domaine de l'interpersonnel, c'est-à-dire au cœur de la communication.

> *« Le petit d'homme, pour apprendre une langue, ne doit pas seulement en assimiler les sons, les règles et les mots, il doit aussi acquérir la manière d'y traduire ses sentiments ».*
> *Boris Cyrulnik ; les nourritures affectives ; page 42*

L'être humain, depuis sa naissance, se construit dans son appréhension du monde à travers ce que lui fournissent ses sens et ce que sa famille lui donne comme informations. Il observe les situations, intègre des comportements, emmagasine toutes les informations comme le modèle de communication possible. C'est au cours de sa période de socialisation qu'il découvrira d'autres modèles, d'autres codes qui viendront se confronter aux siens et cela continuera toute sa vie, c'est la construction de son expérience.

> *« la vie des hommes est pleine d'ambivalence : je ne peux devenir moi-même qu'en appartenant à un groupe qui me propose des circuits de développement. Mais si j'appartiens trop à ce groupe, je ne pourrai pas devenir moi-même, je deviendrai ce que veux le groupe. »*
> *Boris cyrulnik ; les nourritures affectives ; page 91*

Son approche de ce que nous appelons la réalité, est donc façonnée au départ par son milieu familial et intégrée comme LE modèle fonctionnel adéquat aux situations. Ce modèle, que j'appellerai aussi le référentiel, est sans arrêt confronté à d'autres référentiels ou d'autres perceptions. Cela serait la trajectoire de tout individu si elle n'était pas soumise à la complexité de l'existence.

Chacun de nous, confronté aux aléas de son existence, construit sa propre réalité du monde, en fonction de ses rencontres, ses émotions, ses blessures, telles qu'elles lui ont été signifiées dans la culture qui l'a élevé. C'est ainsi qu'il la perçoit et la juge.

> *« La pénétration de l'observateur dépend aussi de la manière dont sa faculté d'observation s'est élaborée au cours de son propre développement. Les enfants, les femmes, les étrangers, les noirs, tous ceux qui ont eu à souffrir des autres deviennent souvent de meilleurs observateurs que ceux dont la personnalité se développe sans cet effort d'attention. »*
> *Boris Cyrulnik ; les nourritures affectives ; page 12*

De la perception au comportement

Celui qui n'a pas appris certains modes comportementaux, ne peut pas les mettre en œuvre.

Cela est vrai pour l'homme et l'animal, en écartant toutefois de mon propos les comportements innés, transmis de manière intergénérationnelle (comportements de survie dans l'espèce, comportements faisant lien dans une histoire transgénérationnelle.)

Le bébé, animal ou humain, ne nait pas avec une page vierge comme bagage ; il a déjà en lui tout un registre de codes génétiques, culturels, vitaux... mais cela sort du cadre que je me suis proposé de développer.

Nous dirons simplement que tout cela rajoute à la complexité de l'existence, et c'est par contre en cela qu'un lien pourrait être fait.

Au club d'éducation canine où il y a déjà quelques années j'avais l'habitude de me rendre, un monsieur, venait pour éduquer son berger allemand à l'obéissance. Quand le moniteur lui disait d'être ferme, de crier ; celui-ci, d'une voix hésitante, haussant très légèrement le ton, rappelait son chien, sans conviction, d'une voix qui n'induisait pas pour le chien, la volonté du maître à se faire obéir. La réaction de ce maître, semblait représenter le paroxysme de sa capacité à être ferme, celle qu'il avait intégrée, de manière comportementale et intellectuelle, comme modèle maximal de fermeté. Le résultat, ne correspondait pas à la perception du moniteur et à sa logique comme quoi le chien n'obéira que s'il sent la conviction, la fermeté du maître et cela passait par le fait de crier fort. Visiblement cet homme n'arrivait pas à se mettre en position de dominant telle que demandée par le moniteur, cela n'était pas conforme à ce qu'il pouvait mettre en place comme mode de relation. Il n'avait pas visiblement appris à se comporter de la sorte, et cela sortait, de toute évidence, de son registre comportemental. A partir de là, l'animal le ressentant dans son registre de perception de la domination, n'avait aucune motivation à obéir, car pour lui l'incitation ne passe pas par l'aspect sémantique mais par l'aspect comportemental dans toute sa subtilité.

Si le moniteur pouvait avoir raison, ce n'était pas à mon avis, dans sa conviction que crier rend autoritaire, mais dans autre chose, me semble-t-il. Crier en soi ne sert à rien, mais lorsque l'on crie, cela provoque une attitude adéquate au cri ; quand on crie pour se fâcher, le corps entier dans son expression se fâche et reflète notre désir le plus profond (ici se faire obéir). C'est cela que l'animal va repérer, et qu'il ne pouvait pas percevoir chez son maître.

On peut supposer que si ce maître avait su « se mettre en colère » sans crier, en ce sens que s'il avait pu montrer son fort désir de capter l'attention du chien, cela aurait probablement suffit à ce que son chien colle à sa volonté d'être obéit.

 L'animal, ici le chien, perçoit le moindre détail comportemental qui lui fournit des indications.

 Je me rappelle de Jerko, un de mes bergers des Pyrénées que j'avais l'habitude d'emmener en exposition. Jerko n'aimait pas la voiture, il s'y contraignait mais cela représentait un stress pour lui.

Lorsque chaque matin, je le libérais de son chenil pour qu'il aille courir, il s'y employait avec ardeur. Pourtant les matins d'expositions donc de trajets parfois longs en voiture, et malgré une attitude que je voulais habituelle, il sortait tout penaud de son chenil, rechignant à aller courir dehors. Dira-t-on qu'il avait deviné ? Certainement non, au sens intellectuel et humain du terme, mais probablement oui, au sens où il devait repérer une attitude qu'il reliait à une expérience. J'en ai toujours déduit que moi, le sachant, et bien que voulant rester naturel, j'adoptais des mimiques différentes, subtiles certainement, mais qui ne lui échappaient pas.

J'avais par ailleurs l'habitude d'accueillir des groupes de personnes déficientes mentales et des enfants dans le cadre d'une mini ferme pédagogique. Je leur faisais conduire âne et cheval en longe au pré. Jonquille ma jument trait comtois de l'époque était habituée et se laissait facilement guidée ; pourtant il lui arrivait d'amuser celui qui tenait la longe. Elle essayait quelquefois de brouter l'herbe sur le bas-côté et testait ainsi le meneur. Si celui-ci n'avait pas de conviction dans sa communication elle semblait ne même plus avoir conscience de son existence. Si par contre le meneur avait des gestes fermes et précis, cela ne posait aucun problème, elle demeurait en totale communication avec lui et le suivait dans ses moindres déplacements

Comme avec l'homme, la relation avec l'animal se doit d'être claire et compréhensible, et tout manquement amenant une incongruence dans la communication est de sitôt suivie d'une réaction ; qui peut même devenir dangereuse. Ce n'est que rarement l'animal qui est en cause mais l'homme dans son comportement.

« Tout est information Absolument tout !

Tout comme un sourd muet lit sur les lèvres d'un individu, le cheval lit la gestuelle, les attitudes et toute l'expression du corps. Nous n'en tenons pas compte, généralement, et nos mouvements et signaux sont si contradictoires, vagues et incompréhensibles pour le cheval, qu'il cesse rapidement toute tentative de communication. Les chemins se séparent et désormais des moyens physiques plus ou moins brutaux seront utilisés. Si nous voulons réellement nous entendre avec notre cheval, nous devons absolument considérer que le moindre petit mouvement de notre corps (à pieds où à cheval) représente une information éloquente ! Si nous voulons communiquer avec nos chevaux, nous devons désormais admettre que toute manifestation de notre corps recèle un sens, un contenu, et une signification pour notre cheval. »

Klaus Ferdinand Hempfling; Danser avec les chevaux ; page 40

Comme l'humain, l'animal vivrait avec des codes de communication et possède plusieurs niveaux dans sa communication. Le digital revêt aussi chez l'animal une grande importance. L'aboiement chez le chien prend un « ton » différent selon qu'il entende un bruit non identifié, qu'il soit derrière le portail face à un inconnu, qu'il appelle au jeu…

22

Il y a aussi l'expression imposée, comme l'aboiement sur commande, dans un spectacle par exemple. Cet aboiement là est structuré, il obéit à une règle de communication entre lui et son dresseur.   Tout comme pour le « OUI, Chef ! » du militaire il n'entre plus dans le domaine de la communication spontanée, et répond à une autre injonction qu'est la soumission dans la relation.

L'animal, dans sa communication spontanée exprime ce qu'il accepte, ce qui le dérange, sa non envie de coopérer… ; et il lie pour ce faire, communication analogique et digitale. Trouvez vous face à un chien qui tourne autour de vous, les oreilles couchées, montrant les crocs et cela accompagné d'un grognement sourd et long, point n'est besoin de connaître les chiens pour ressentir que cela ne signifie pas « bienvenue »

A la différence de l'homme, il n'interprète pas en fonction d'une idéologie qui lui permettrait de comprendre ; lui, il comprend parce qu'il s'attache à l'essence même de la communication telle qu'il l'a apprise.et dont le moindre détail a un sens précis.

L'humain a probablement perdu cette faculté de percevoir ces détails subtils qui lui fourniraient nombre d'éléments pour mieux appréhender sa relation à l'autre. Sa capacité intellectuelle, devient je le suppose sa faiblesse en matière de communication non verbale. Il vit de sa pensée, qui lui fournit un sens à priori, mais cette faculté humaine devient un handicap dès lors qu'elle élimine une partie de sa capacité d'observation qui affinerait, justement, le sens.

L'homme, sous prétexte qu'il aurait la faculté d'analyser la situation, croit quelquefois comprendre, alors qu'il peut se méprendre, englué comme il est dans une pensée imposée par des « a priori » qu'il croit être la réalité.

Un collègue, avec qui nous avions parlé de cette histoire de perception, me dit un jour : *hier, j'ai pensé à toi car je me suis trouvé dans une situation où je me suis trompé. Alors que nous faisions notre footing autour du lac avec mon épouse, elle courait devant à environ cent mètres, une petite fille que je ne connaissais pas, roulait à vélo le long du quai, trois jeunes garçons, visiblement d'origine maghrébine nous regardaient passer. Au tour suivant, j'aperçois les garçons qui s'approchent de mon épouse et lui glissent quelques mots. Elle s'arrête, fait un écart et continue. Quand j'arrive à leur niveau, ils me disent : « il ne faut pas la laisser seule, c'est dangereux... » . Je me demande de quoi ils se mêlent, en faisant un lien avec leur culture et je suis à la limite de leur répondre désagréablement, seulement quelques mots à peine polis. Un demi-tour plus loin, la petite fille à vélo rejoint un adulte en voiture qui visiblement la suivait doucement, probablement son papa. Lorsqu'à la fin du footing je rejoins mon épouse et lui fais part de ma réaction vis-à-vis des jeunes qui l'embêtaient, elle me répond « mais ils ne m'embêtaient pas, ils se sont inquiétés de la petite fille à vélo, croyant que c'était notre fille et m'ont simplement fait remarquer que ce n'était pas bien de la laisser seule faire du vélo, que c'était dangereux ». Eh, oui ! comme quoi on est con, me dit-il ! Parce qu'ils étaient d'origine maghrébine, ma première pensée a été qu'ils n'acceptaient pas que ma femme fasse du footing le soir autour du lac...*

Cette histoire montre bien comment des idées insidieusement glissées dans une société auprès de gens raisonnables, peuvent guider leur perception vers une pensée qui leur échappe parce que formatée par des préjugés.

Pensée et impression

> *« quand nous réfléchissons à nos affections et sentiments passés, notre pensée est un miroir fidèle et elle copie les objets avec vérité ; mais les couleurs qu'elle emploie sont pâles et ternes en comparaison de celles qui habillent nos perceptions originelles... »*
> *David HUME ; enquête sur l'entendement humain ; page 64*

L'humain se sert de son expérience pour élaborer sa pensée. Aussi quand on lui demande « qu'en penses-tu ? » son mécanisme mental va puiser dans son registre expérientiel pour trouver semblable situation qui viendra faire sens à ce qui lui est proposé. Nul doute que cette reconstruction aléatoire ne collera que partiellement à la réalité présente.

Ce qui est à la fois terrible et passionnant chez lui, c'est que même quand on ne lui demande rien, il pense quelque chose de ce qu'il voit, entend, sent … ; et adopte une attitude qui va de paire avec son processus mental, émotionnel. Il imprime sur cette nouvelle réalité une tonalité reliée à son expérience, pour tirer une forme de synthèse de la situation présente.

A partir de là, il peut croire qu'il comprend cette situation, ce qui serait une erreur fondamentale.

La notion de comprendre telle qu'elle est couramment utilisée (je sais ce que tu ressens, je comprends ce que tu peux vivre, je comprends ce que tu veux dire...) signifierait qu'il transpose exactement la même tonalité, dans un contexte qui serait parfaitement identique à son registre référentiel, avec les mêmes acteurs, comme un copié- collé.

Je serais tenté de dire : cela dépasse l'entendement !

> *« ce ne sont pas les choses elles-mêmes qui nous troublent, mais l'opinion que nous nous en faisons ».*
> *aphorisme d'Epictète cité par Paul Watzlawick dans« le langage du changement » page 48*

Reprenons ce principe emprunté à l'approche systémique des relations humaines ; le principe d'équifinalité: *les mêmes causes apparentes n'engendrent pas forcément pas les mêmes effets ; des effets a priori semblables ne sont pas forcément générés par les mêmes causes.*

Chaque construction relationnelle dans un système est unique et ne peut se juxtaposer à aucune autre, même si celles-ci donnent l'impression d'être semblables.

Certes, on peut y retrouver des codes sociaux, des codes de communication liés à la culture, aux émotions, mais les motivations de chacun restent singulières.

Un système humain met plusieurs individus en relation, il les conditionne en même temps qu'il est conditionné par eux. Le système est vivant, il est processus entre ses éléments.

Système humain et individus qui le composent, se nourrissent mutuellement pour créer un processus auto-généré, mais pas autonome dans la mesure où ce processus s'alimente des informations externes et qu'il est lui-même système avec l'extérieur

> « *des conditions initiales différentes peuvent aboutir au même résultat ou une même origine donner des résultats différents dans le présent. La conclusion méthodologique de ce principe est que le système est à lui seul sa meilleure explication.* »
> *Edmond Marc, Dominique Pacard ; l'école de Palo Alto ; page 27*

Toute pensée qui se voudrait connaissance d'un évènement présent, ne s'appuierait que sur un caractère fantasmatique de la possession idéologique du réel par une connaissance antérieure aux faits, et nierait toute la complexité du présent.

> « *Mais bien que notre pensée semble posséder cette liberté illimitée, nous trouverons, à l'examiner de plus près, quelle est réellement resserrée en de très étroites limites, et que tout ce pouvoir créateur de l'esprit ne monte à rien de plus que la faculté de composer, de transposer, d'accroître ou de diminuer les matériaux que nous apporte les sens et l'expérience…. »*
> *David Hume ; enquête sur l'entendement humain ; page 65*

Les notions de « connaître » et « comprendre » sont un leurre idéologique, elles ne peuvent retranscrire la tonalité, l'essence même, de ce que l'on croit connaître ou comprendre.

Comprendre ce qu'a écrit une autre personne, par exemple, n'est qu'une représentation de ce que l'on croit qu'elle a voulu dire. Seul celui qui a écrit sait le sens, c'est la représentation qu'il en avait, lui, au moment où il a posé des mots sur papier. Le lecteur reprend les mots à partir de ses propres résonances qui viennent donner un sens, il s'agit là d'une organisation mentale complètement subjective, souvent dépendante d'une imagerie inculquée par des injonctions culturelles et médiatiques. Lorsque je crois connaître, ou comprendre, je mets en œuvre mes mécanismes d'appropriation d'une idée que je retransforme en une réalité possible, mais ce n'est pas le réel, en ce sens qu'elle n'est pas le message originel. La pensée n'éclaire pas le réel, elle le codifie et permet en cela de se rassurer sur notre existence mais elle ne décrit pas la complexité du réel, puisque par définition c'est une notion insaisissable.

> *« (...) Qui a résolu de faire une chose parfaite, son œuvre est parfaite, non seulement à l'en croire, mais au jugement de quiconque sait droitement ou croit savoir la pensée de l'auteur et son but. Si, par exemple, on voit une œuvre (que je suppose être inachevée) et si l'on sait que le but de l'auteur est d'édifier une maison, on dira que la maison est imparfaite, et parfaite au contraire sitôt qu'on la verra portée au point d'achèvement que son Auteur avait résolu de lui faire atteindre. Mais, si on voit une œuvre sans jamais avoir vu rien de semblable et qu'on ignore la pensée de l'artisan, certes on ne pourra savoir si elle est parfaite ou imparfaite. (....)*
>
> *... il est advenu que chacun appela parfait ce qu'il voyait s'accorder avec l'idée générale formée par lui des choses de même sorte, et imparfaite au contraire ce qu'il voyait qui était moins conforme au modèle conçu par lui, encore que l'artisan eût entièrement exécuté son propre dessein... »*
> *Spinoza ; EthiqueIV ; Préface, t.III ; dans les textes essentiels Lorenzo Vinciguerra*

Ce que je crois savoir sur ce que je perçois, serait ce que mon imprimante interne peut me restituer comme traces, en fonction des limites qui l'ont constituée. Dès lors elle aurait laissé des empreintes qui baliseraient mon cheminement et feraient référence pour venir se coller à toutes nouvelles confrontations perceptives. L'impression agirait comme un « instantané » sur ces empreintes, avant toute tentative de compréhension du présent.

De l'impression à la réalité

> *« Nous demandons légitimement à la pensée qu'elle dissipe les brouillards et les obscurités, qu'elle mette de l'ordre et de la clarté dans le réel, qu'elle révèle les lois qui le gouverne. Le mot complexité, lui, ne peut qu'exprimer notre embarras, notre confusion, notre incapacité de définir de façon simple, de nommer de façon claire, de mettre de l'ordre dans nos idées»*
> *Edgar Morin ; introduction à la pensée complexe ; page 9*

Comme pour l'animal, tout comportement ou situation provoque chez l'homme une rapide connexion entre ce qu'il perçoit et son référentiel perceptuel. Il semblerait dans un premier temps, que cette connexion entre expérience et moment présent s'épure de toute analyse. C'est une image qui renvoie à une idée. Ce serait donc ce qui s'imprime en premier sur le logiciel de la pensée avant que ne viennent s'installer les réajustements de la réflexion…
Ce mécanisme spontané apporte souvent des éléments précieux pour qui sait les déceler sans les juger. Ne dit-on pas souvent « la première impression est la bonne » ? Aussi pourrait-on penser que les signes les plus subtils de la communication, épurés de la volonté de les analyser, donnent des indications en venant réactiver la grammaire des codes relationnels.
Tout ce que je vois ou entends vient immédiatement faire écho à tout ce que j'ai appris des codes de comportements, des codes de relations entre les hommes et les choses.

L'impression désignerait cet écho qui à la fois résonne et vient ponctuer un sens premier. J'utilise ici le verbe ponctuer en référence à l'axiome systémique : *la ponctuation de la séquence des faits.* Ici, ce sont mes capacités, mes limites, mes émotions, mes intérêts, qui viennent découper en des tronçons de communication tels que je les ai imprimés en leur donnant un sens pour moi.

Je crois cependant qu'il existe des codes subtils, qui, parce que s'inscrivant hors du champ de l'analyse au moment où ils entrent en communication, révèlent une dimension relationnelle plus proche de la dimension interne du sujet.
 Ayant travaillé avec des personnes déficientes mentales, je me rappelle de ces matins où j'arrivais en ayant quelques soucis en tête. Même lorsque je cherchais à les masquer, il n'est pas rare que certaines de ces personnes s'en soient rendu compte, et me le faisaient savoir avec leurs mots, comme si cela avait été intuitif.
J'ai alors pensé qu'ils repéraient, mieux que mes collègues par exemple, que je n'avais pas exactement les mêmes attitudes que d'habitude. J'ai alors supposé que ne se noyant pas dans une intellectualisation à laquelle ils n'avaient pas accès, ils savaient repérer ces codes subtils de communication.
Alors que les quelques sourires que j'affichais auprès de mes collègues leur donnaient une idée de moi, les quelques différences comportementales subtiles repérées par les résidents du foyer les renvoyaient visiblement à une autre idée probablement plus proche de ma réalité interne.

Il me revient aussi cette anecdote.
Une petite fille, autiste, était accueillie en journée dans un établissement. Elle venait toujours habillée en pantalon. Certains professionnels trouvaient cela dommage, car elle aurait été plus jolie habillée de temps en temps en robe. Certains pouvaient même penser que la maman n'y prêtait guère attention et qu'elle aurait pu faire un effort.

Hors un jour, une de ces professionnels fut amenée à rencontrer la maman et à aborder cette question. Cette femme avait parfaitement pensé à cet aspect des choses ; mais elle expliqua très bien que sa fille devait porter des couches et qu'elle avait tendance à y glisser ses mains, ce qu'elle pouvait aisément faire si elle était en robe. Aussi, cette maman, pour éviter tout désagrément à chacun, préférait la laisser en pantalon, pensant probablement que cela serait plus agréable à gérer pour les professionnels qui l'accueillaient.

On voit là encore, comment à partir d'un acte, ou d'une absence d'acte, l'individu peut facilement donner une interprétation. Une histoire peut alors se construire, avec des croyances qui viendront colorer les relations. Cette impression d'un éventuel manque de considération pour la féminité de sa fille n'était pas en adéquation avec l'intention de l'action de la maman.

Certains auraient pu affirmer la réalité comme telle, s'ils n'avaient pas pris soin de communiquer et d'aller toucher la perception de cette maman.

Perception et finalité

Tout acte posé, ou perçu, prend un sens en fonction des finalités espérées.

Plus je suis pressé, moins les gens vont vite ; cette phrase humoristique reflète à elle seule toute la dimension du rapport entre finalité et perception.

Dès que j'attends quelque chose d'une situation, tout comportement marquant un écart avec l'atteinte espérée de cette finalité peut devenir un frein, un agacement, voire une frustration.

Combien de fois me suis-je trouvé à la caisse d'un hypermarché avec une personne devant moi qui commence à discuter de choses et d'autres avec la caissière. Dans ces moments là, son discours au demeurant sympathique devient pesant voire insupportable. Il est fort probable que si j'avais été autour d'un café avec cette personne avec comme finalité de passer un moment avec elle, ou d'attendre en même temps qu'elle, son avis sur les mêmes choses serait devenu non seulement acceptable mais probablement chaleureux et convivial.

La situation qui va dans le sens de la finalité apporte, elle, au contraire satisfaction même au détriment de notre logique habituelle.

Lorsque je suis en retard avec ma voiture, celui qui roule en dépassant la limitation de vitesse, ou qui démarre vivement au feu rouge devient alors un allié avec la finalité de ma situation, mais on peut supposer que ces mêmes situations alors que je me promène tranquillement génèreraient chez moi un tout autre sentiment.

Si la notion de finalité va souvent de paire avec le contexte, elle revêt cependant une dimension moins aléatoire, et se différencie du contexte tout en venant s'y ajouter. Les fluctuations du contexte ne modifient pas pour autant sa finalité. On peut, par contre, penser que les aléas contextuels peuvent modifier le processus vers la finalité.

Si je veux atteindre le sommet de la montagne, des éléments imprévus peuvent m'obliger à modifier ma trajectoire, éventuellement à rebrousser chemin pour prendre un autre parcours, mais mon objectif reste le même.

Il est alors possible, dans ce cas, que la perception de ce qui m'entoure soit complètement mutilée au point de ne plus remarquer ce qui, si j'avais été là juste pour observer, aurait pu faire l'objet de mon admiration et de mon enthousiasme au lieu d'être vécu comme perturbateur eu égard à l'objectif que je me suis fixé.

Dès lors, la finalité de l'action influe sur notre mécanisme de perception des choses.

Combien de fois m'est-il arrivé de penser chez des amis : « je mettrais bien un grillage ici, telles fleurs là, et cet endroit serait idéal pour un verger etc … pourtant si l'ami en question ne réalise pas ce qui me paraîtrait idéal à moi, c'est qu'il a maintes bonnes raisons, au niveau du processus mais aussi au niveau de la finalité de ce que pourrait être sa propriété.

La finalité balise la perception et donne une trajectoire à l'action. L'action, cependant subira tous les aléas du contexte

Perception et contexte

Toute perception est dépendante du contexte global dans lequel elle se réalise
Imaginons une personne qui mesurerait un mètre soixante-dix. Pour un observateur qui viendrait d'un pays où tout le monde est de très petite taille, la personne serait désignée comme grande. Pour un observateur qui viendrait d'un pays de géants, cette personne serait petite. Si par contre l'observateur vient d'un pays où vivent des personnes de toutes tailles, on peut supposer que sa pensée le guidera vers une réflexion de type mathématique et qu'il en déduira qu'elle est moyenne. Cet exemple peut paraître d'une grande évidence et pourtant cet exercice nous rappelle que l'observation se passe entre l'observateur et l'objet observé, et qu'à ce titre celui qui mesure un mètre soixante-dix n'est ni grand ni petit ; il est, c'est tout. C'est sa représentation que l'observateur nomme par grand ou petit, et dans le troisième cas, ce serait sa pensée synthétique en référence à son contexte, qui détermine la notion de taille moyenne ; mais dans tout les cas l'individu observé reste le même.

> *«.... nous sommes donc confrontés à deux réalités. Nous pensons que l'une existe objectivement, hors de nous, de façon indépendante (nous lui donnerons le nom de réalité de premier ordre). L'autre est le résultat de nos opinions, de nos jugements et constitue donc notre image de la première (nous l'appellerons réalité de deuxième ordre).*
> *Paul Watzlawick ; le langage du changement ; page 49*

Ce qui nous anime donc, dès que nous communiquons à propos de la réalité du monde, c'est cette réalité de deuxième ordre, liée à notre perception.

Lorsque j'interviens comme formateur, il m'arrive souvent de poser cette question concernant le code de la route : « a-t-on le droit de dépasser un véhicule lorsqu'il y a une ligne blanche continue ? » Systématiquement la réponse est « non ! » Quand

je demande « où cela est-il écrit ? », la réponse est « c'est écrit dans le code la route »
Si je mets au défi de me montrer le texte, on me propose de trouver le livre afin de s'assurer que l'écrit existe. Et pourtant… cet écrit n'existe pas. Il est par contre stipulé qu'il est interdit de franchir la ligne blanche.

Cet exemple montre bien comment à partir d'une réalité couramment admise et vérifiée dans la plupart des cas, à savoir que peu de situations peuvent permettre de dépasser en toute sécurité sans franchir la ligne blanche (sauf peut-être pour un vélo), cela se traduit par « il est interdit de dépasser ».
Le contexte habituel des conditions de dépassement d'un véhicule vient transformer la perception concernant l'interdiction jusqu'à en déformer le sens originel du texte, en toute bonne foi.

Jean Epstein, psychosociologue de renom, prenait un exemple lors d'une conférence sur l'enfance, intitulée : jouer est-ce bien raisonnable ?
Une dame âgée se trouve à l'aéroport avec sa petite fille, et toutes les deux, sautent à cloche pieds. Une personne s'approche de la vielle dame et lui dit : « c'est formidable, madame, de vous voir sauter comme cela à cloche pieds ! » ce à quoi la dame répond « vous me dites cela parce je suis avec ma petite fille, mais si j'étais seule, vous penseriez que je suis folle !

L'observateur identifie l'objet de sa perception en référence aux expériences qui lui ont fourni matière à penser. A partir de là, il crée ses arrangements personnels pour décrire ce qu'il pense être la réalité d'une situation. Quand il nous parle de cette réalité, il donne alors plus d'informations sur ses arrangements personnels, ou sur son adhésion à une idéologie dominante, que sur la réalité elle-même.
Nous pouvons aussi le constater avec les phénomènes de mode. Ce qui était superbe hier paraît laid et inadapté aujourd'hui. Ces notions de beau, de laid, d'adapté,

d'inadapté dépendent bien du contexte présent, qui via des représentations nouvelles, guide, influence, donne la ligne directrice. Chacun pense souvent que c'est l'objet qui n'est plus adéquat alors que c'est la perception de l'objet qui se modifie en fonction des paramètres contextuels. La notion de mode est dans la représentation qu'en a l'individu et c'est elle qui se modifie avec l'évolution du temps ; l'objet, lui, reste le même.

Perception et émotions

Un ami me racontait cette histoire. Alors qu'il était à l'armée, en se promenant en bus avec d'autres soldats, ils virent un jour un homme complètement ivre sur le bord de la route.
Celui-ci gesticulait, parlait seul, faisait des grimaces, et cela faisait bien rigoler tout le monde, sauf lui. Cet ami était issu d'une famille modeste, et son père avait tendance à abuser de la chopine. Alors qu'il était enfant, il l'avait vu quelquefois au milieu de la rue amuser la galerie par un comportement inadéquat, et cela provoquait chez lui une profonde humiliation.
Cette scène dans le bus ravivait cette émotion et la première idée qui lui venait, était de penser à l'éventuelle famille de cet homme qui l'attendait peut-être à la maison, et à ses enfants s'il en avait. Elle ne revêtait aucune drôlerie, bien au contraire. Cette scène n'est ni drôle, ni humiliante en soi, mais c'est la perception que chacun peut en avoir qui détermine le sentiment. J'imagine qu'à la seule lecture de ces quelques lignes, chacun se crée des représentations à partir de cette histoire et que cela lui évoque quelques souvenirs émotionnels.

Rappelons-nous la tarte aux pommes de la grand-mère, le souvenir de la pâte sablée nous délecte encore. Et le vin maison du grand père, un bon picrate qui tâchait et râpait un peu le gosier, mais qu'est-ce qu'il était bon finalement. Nul doute que la valeur gustative que l'on attribue à ces mets de nos grands parents n'a d'égal que la valeur affective qu'on leur portait.

Nous sommes là dans le domaine d'une réalité de deuxième ordre, celle qui donne du sens à ce qui nous entoure, celle qui fait « vie» autour de nous et dans notre histoire, celle qui fait ressurgir nos empreintes émotionnelles.

Là encore, c'est ce lien affectif qui nous relie à la situation ou à l'objet, mais ceux-ci ne sont ni tristes, ni gais, ni bon ni mauvais en soi ; seule la perception émotionnelle donne l'intensité, et permet de la qualifier.

Illusion ou réalité

Ce que je vois est-il réel ? Ces dernières années, je me suis intéressé à l'art de la magie.
Cet art reflète bien les mécanismes de perception qui se construisent entre l'humain et le spectacle de la vie. Lorsque je fais apparaître une colombe dans une boite (type vanity) transparente et vide, celle-ci arrive-t-elle par je ne sais quel moyen occulte ? Quand le magicien coupe sa partenaire en deux avec une énorme scie circulaire, existe-il un phénomène miraculeux de reconstitution des tissus après que l'on ait vu cette lame traverser le corps de part en part ? C'est pourtant ce que nous avons vu !
Dans ce contexte de spectacle, chacun sait qu'il n'en est rien, qu'il y a un truc, comme on dit.
Ce qui est intéressant c'est que l'on rencontre ceux qui se laissent aller à l'esprit magique, ils ne sont pas dupes mais consentants sur l'idée d'effet magique. L'esprit spectacle et rêve prime sur le souci de savoir comment ça marche.
 D'autres, et souvent des hommes, mettent en avant le fait qu'il y ait un trucage, arborant à ce moment là les mimiques de quelqu'un qui ne se laisse pas avoir, à qui on ne la fait pas !
Cette attitude est d'autant plus intéressante qu'elle rejoint une communication empreinte de paradoxe : en effet, si cet homme (en général), passe de l'énergie à montrer qu'il ne se laisse pas avoir, c'est que dans son esprit existe le postulat qu'il pourrait justement se laisser tromper face à de telles présentations « magiques », sinon pourquoi essayer de prouver sa perspicacité apparente. A la fois il nous transmet l'idée qu'il

est perspicace en même temps qu'il a besoin de combattre une possible naïveté, comme s'il était possible de croire qu'un spectacle d'illusions pouvait être réellement magique, au sens inexplicable.

Ce type d'échanges verbaux donne des informations, non pas sur la réalité du spectacle, mais sur le fonctionnement du spectateur qui m'en parle.

> *« Quand un homme veut pendant très longtemps et avec entêtement paraître quelque chose, il lui devient à la fin difficile d'être autre chose. La vocation de presque tout homme, même de l'artiste, commence par une hypocrisie, par une imitation de l'extérieur, par une copie de ce qui produit un effet. » Nietzsche ; humain trop humain ; page 57*

Ici le contexte détermine le caractère « illusion » du spectacle puisque proposé comme tel ; mais qu'en est-il du spectacle de la vie ?
Chacun y va donc de son couplet pour décrire, et mettre du sens à ce qui fait sa vie. Ce couplet n'est autre que ce qui le relie aux choses via sa construction affective, intellectuelle, culturelle … mais quoi qu'il en soit, c'est toujours de son propre rapport au monde en tant que sujet dont il parle, ce qui me conduit à dire quelquefois :
« *De qui ou de quoi que l'on parle, on ne parle jamais que de soi* » en ce sens que le message vient colorer, délimiter, la singularité du sujet dans son lien avec l'entourage. »

L'homme, au sens général du terme, a constamment besoin de prouver son existence, de se prouver qu'il existe, de le faire reconnaître par son entourage. En cela il se doit de jouer un rôle perpétuel afin que son être, ce qu'il pense être, soit en corrélation avec le paraître.
Cela passe donc par une perception qu'il se doit d'imposer comme image à l'autre. Il procèdera alors avec les outils de

communication mis à son service, ceux qu'il a appris à utiliser, ceux qui lui ont donné l'impression de produire tels ou tels effets, ceux qui ont construit son monde qu'il a tendance quelquefois à désigner comme le monde, car fondateur de son système de valeurs.

> *« ...ce que nous nommons actuellement le monde est le résultat d'une foule d'erreurs et de fantaisies, qui sont nées peu à peu dans l'évolution d'ensemble des êtres organisés, se sont entrelacées dans leur croissance, et nous arrivent maintenant par héritage comme un trésor accumulé de tout le passé, - comme un trésor : car la valeur de notre humanité repose là-dessus. »*
> *Nietzsche ; humain trop humain ; page 24*

Le monde serait donc la réalité d'un processus complexe, en même temps qu'il ne serait qu'illusion en ce sens que toute tentative de le contenir dans une définition deviendrait impossible

Deuxième partie

La distance de proximité

ou

La danse de la communication

Communiquer avec l'autre, suppose de mettre son interprétation personnelle dans le jeu de la relation.
Cela fait appel à des mécanismes intra-personnels qui n'ont de sens que pour celui qui les a intégrés comme son propre processus, et qui viennent se confronter au processus de l'autre.

Nous avons abordé dans la première partie toute la complexité d'une telle construction tant elle est dépendante de paramètres aussi divers que subtils.

Il s'agit là bien sûr, d'une fraction de la communication.
Echanger avec l'autre met du sens sur ma construction d'une représentation possible du réel. Refuser, agresser, éviter le dialogue, met en œuvre d'autres mécanismes révélateurs de ma relation à l'autre et souligne mon incapacité à pouvoir m'approcher de son univers soit parce que je ne le désire pas soit parce que cela n'a aucune résonance avec mon histoire, ma culture, ma trajectoire...

L'attitude, les postures, le ton de l'autre mettent en mouvement un ressenti qui va provoquer chez moi une action en réponse.

Il va alors se créer une forme de chorégraphie où chacun s'approche de ce qui fait sens pour lui, et s'éloigne ou refuse de s'approcher de ce qui lui est désagréable voire ce qui réactive une perception souffrante à laquelle il ne peut ou ne veut pas se confronter.

C'est dans ce jeu d'approche et d'éloignement que j'ai pensé le concept de distance de proximité.

La danse de la communication

Souvent j'entendais dire dans ma trajectoire d'éducateur, à propos de la relation avec les enfants ou adultes avec qui je travaillais : il faut savoir garder la bonne distance.
Je me suis souvent interrogé sur ce que pourrait-être cette distance qui serait la bonne.
Serait-ce une distance figée qui serait opérante avec toute personne ?

C'est en fin de formation de thérapie familiale qu'une idée m'a traversé l'esprit ; les formateurs m'avaient proposé une relation sympathique, proche, se situant en tant que collègue en même temps qu'ils étaient là comme formateurs avec un savoir que je n'avais pas et qui créait une certaine distance intellectuelle, le tout respectant le cadre de la formation.

Comment ai-je pu effectuer cette formation pendant six années et oser imaginer qu'être thérapeute m'était accessible ; moi qui avais démarré ma vie professionnelle à 16 ans avec un BEPC en poche ? Certes je m'étais donné les moyens d'apprendre et d'effectuer une formation d'éducateur spécialisé mais de là à penser que je pourrais devenir thérapeute familial, avec cette perception de quelque chose d'inaccessible, c'était impensable !
Que s'est-il passé ? J'ai alors compris que l'élément moteur d'accessibilité avait été la simplicité des formateurs, leur disponibilité, leur respect de ma démarche ; en même temps qu'ils n'avaient pas mis une distance infranchissable, ils savaient utiliser la distance intellectuelle en fonction de la personne formée, de son rythme. C'est au cœur de cet espace que j'ai trouvé la motivation pour oser prétendre me rapprocher d'eux intellectuellement !
Cela m'a alors interrogé quant à ma relation avec les enfants et les familles. Qu'est ce qui leur permettrait d'adhérer à mes perceptions professionnelles en même temps que je me rapprocherais de leur perception souvent faite de crainte,
de doute, de rivalité ou tout autre sentiment tendant à me laisser à distance ?

Il m'est alors venu l'idée qu'à cette fameuse distance devait se juxtaposer une évidente proximité pour qu'avec la famille nous puissions œuvrer ensemble vers les finalités imposées par le cadre.

Au premier abord, on pourrait croire qu'il s'agit là, d'une proposition paradoxale. Ce serait le cas si nous parlions de deux notions figées, dont la finalité serait que chacun reste à sa place, en laissant croire qu'un changement est possible. Bien au contraire, cette proposition veut mettre en évidence la notion de mouvement, d'espace ouvert aux aléas d'une communication entre deux ou plusieurs individus, dès lors qu'elle s'inscrit sur le registre de la volonté de changement et d'évolution, de part et d'autre.

 Ce Concept propose donc un espace de navigation dans la distance à l'autre… et ne peut être un arrêt sur image que serait une distance fixe.

→ Ce qui m'est accessible chez l'autre m'autorise à croire que la relation peut-être authentique, qu'il y a un espace au cœur duquel nous sommes égaux (même groupe d'appartenance), là où nos références se croisent, se juxtaposent ; là où ma perception de la réalité peut rejoindre celle de l'autre, là où les mécanismes d'affiliation sont possibles, là où je me sens exister dans mon être.

→ Ce qui m'éloigne de l'autre, là où nous sommes différents (connaissances, histoire, statuts…), ce serait un espace libre qui nous différencie mais où chacun de nous peut infléchir la perception de l'autre, l'attirer vers soi ; là où je pourrais exister dans mon éventuel désir de changement ; là où j'apprends à modifier ma carte du monde

Cet espace de distance et de proximité est en perpétuel mouvement entre deux (ou plusieurs) personnes.

La proximité favorise le dialogue ; **Edgar Morin** écrit « *le dialogue suppose l'égalité* » ; *article internet lesogres.org/article.php3 ?id article=1216*

J'en comprends qu'il ne s'agit pas là d'une égalité totale (humaine, statuts…) entre deux personnes mais que la construction d'un dialogue passe par des références communes, par un contexte qui au moment de l'échange autorise chacun à se sentir l'égal de l'autre sur un plan défini.
Si je parle de football avec mon supérieur hiérarchique ; pendant cet espace dialogique, nous sommes deux « fans » de foot qui échangeons à égalité de statut et d'opinion.
Seul un retour clarifié (verbal, digital…) à un autre espace dialogique de type hiérarchique nous repositionnera dans un statut de subordonné à chef, et dans ce cas nous ne sommes plus sur un plan d'égalité ni dans un espace de dialogue. Il est en droit à ce moment là de me donner des ordres et de ne rien avoir à faire de mes propres considérations.
A ce niveau, la dimension du dialogue suppose une certaine confiance, et une perception mutuelle des différentes strates de l'échange.

La distance, elle, mesure un écart sur lequel chacun peut s'appuyer pour modifier sa trajectoire, mais qui peut selon le contexte, se figer en une distance inflexible, ne permettant pas la moindre avancée de l'autre, d'où la nécessité de s'approcher de l'autre dans un contexte où le changement est espéré. Le dialogue contiendrait ces deux notions de manière très subtile.
Ces deux aspects de la distance et de la proximité fondent une relation complexe et c'est dans ce jeu relationnel que des « possibles » s'opèrent

En revisitant mon expérience d'éducateur, je me souviens d'une maman qui vivait avec sa fille en pleine campagne. Sa fille de 8 ans était désignée comme « déficiente mentale », et la maman présentée comme une femme agressive, ne voulant pas entendre parler d'éducateur, de médecin pédopsychiatre, de psychologue, d'établissement etc…
Elle avait cependant accepté l'intervention du SESSAD.

Inutile de dire que je n'en menais pas large en arrivant dans la cour de sa fermette. Comment allons-nous nous rencontrer ? Comment gagner la confiance?
 Par bonheur, à mon arrivée deux chiens vociféraient dans la cour, un Beauceron et un Berger des Pyrénées, races que je connaissais bien pour en avoir élevé pendant plusieurs années pour le premier et pour en élever dans le moment, pour le deuxième.

Après m'être présenté comme éducateur, sans cartable ni autre signe ostentatoire de distance, nous avons parlé des chiens, puis des chevaux, puis des poules… cela a duré pratiquement trois séances où la triangulation avec l'enfant était presque inexistante mais progressive.
Dès que je n'ai plus été vécu comme un élément extérieur dangereux, mais comme quelqu'un ayant les mêmes passions, j'avais le sentiment de devenir un allié.

Ma position d'éducateur du service m'autorisait cependant à élargir le champ de nos rapports (j'étais là pour ça) et progressivement de pouvoir parler des difficultés de l'enfant.

Nous avons pu élaborer pendant l'année, une solution possible pour éviter le rejet de l'école, la souffrance de sa fille dans un milieu scolaire hostile ne comprenant pas ce qu'elle faisait ici, et l'animosité de la maman envers l'éducation nationale (et envers tout le reste d'ailleurs). Il est alors devenu possible de construire ensemble, l'équipe pluridisciplinaire et la maman, l'idée de l'orientation à L'IME.

Cet exemple n'a pas pour but de déterminer le bien fondé ou non de l'orientation, mais bien d'apporter du crédit à l'idée qu'il fallait rester authentique, savoir prendre le temps de la confiance qui pouvait naître sur nos points communs (proximité), tout en me servant de la relation et du contexte professionnels (distance) pour permettre à la maman d'élaborer une réponse possible à sa situation conflictuelle avec l'ensemble de l'entourage et créatrice de souffrance pour sa fille

44

Imaginons un raisonnement par l'absurde :
Si je ne suis que dans la proximité, je conforte cette maman dans tous ses griefs, je ne l'autorise pas à imaginer d'autres issues à son histoire, je ne lui offre aucun espace possible de revisiter ses certitudes, je ne lui permets pas d'élaborer un éventuel changement de ses perceptions puisque je colle aux siennes
Si je ne suis que dans la distance, je la conforte aussi dans ses perceptions et renforce ses griefs, je n'apporte rien de nouveau, je ne représente que la continuité redondante de ce qu'elle a vécu jusqu'à présent et qui a forgé ses sentiments de rejet.
Une position fixe de l'un ou de l'autre tendrait aux mêmes résultats : le non changement

Ces changements dans la relation ne peuvent s'opérer qu'à partir de la perception que chacun a de l'autre, de ce qu'il croit que l'autre représente, de ce qu'il croit que l'autre croit de lui, des sentiments que cela ravive, de ce qu'il craint de l'autre... Naviguer entre distance et proximité permet de dialoguer sur nos perceptions, de s'approcher de celles de l'autre, de préciser ce qui les différencie. C'est aussi la porte ouverte à la métacommunication. C'est un tremplin pour le changement

L'importance du cadre et du contexte.

Dans les exemples précédents, si la rencontre avec le supérieur hiérarchique a lieu dans la rue, hors cadre professionnel, le contexte relationnel s'en trouve modifié. De même, si j'avais rencontré cette maman et sa fille par l'intermédiaire d'une connaissance amicale commune, nul doute que le contexte relationnel eut été modifié.
Le cadre professionnel régit tout ce qui est du domaine de la loi, des textes constitutifs de son existence, il établit une finalité possible à l'action, il détermine les contours larges de la relation et de sa raison d'être.

Le contexte, lui, est fluctuant. A l'intérieur du cadre, il est tributaire de tous les aléas d'une rencontre, il contient l'action mais ne peut la prévoir dans son déroulement.

> « *l'action échappe à nos intentions....Dès qu'un individu entreprend une action, quelle qu'elle soit, celle-ci commence à échapper à ses intentions. Cette action entre dans un univers d'interactions et c'est finalement l'environnement qui s'en saisit dans un sens qui peut devenir contraire à l'intention initiale.... L'action suppose la complexité, c'est-à-dire aléa, hasard, initiative, décision, conscience des dérives et des transformations... »*
> *Edgar Morin ; introduction à la pensée complexe ; Page 107*

Le concept de distance de proximité n'échappe pas aux aléas de la rencontre, il les prend en compte. C'est un concept stratégique, en ce sens qu'il met en évidence des interactions où chacun se trouve dans l'enjeu de permettre à l'autre de s'approcher de lui et de venir tutoyer ses propres perceptions. C'est un jeu d'actions qui, si les règles fonctionnent, deviennent réciproques.

Ce jeu d'actions subit des aléas contextuels, mais il est contenu par le cadre ou le contrat d'intervention. Toute transgression du cadre, qu'il soit professionnel, légal ou autre, modifie les finalités espérées et, en ce sens, est condamnable en tant qu'il n'obéit plus aux règles contractualisées.

Le cadre, ou le contrat, fait office de réducteur de complexité, il sécurise les rapports, mais sa fonction s'arrête là. Tout individu, en interaction avec un autre, obéit à d'autres règles relationnelles, conscientes ou inconscientes, mais qu'il devra contenir dans le cadre de son intervention.

Nous verrons dans la quatrième partie, comment, dans un contexte thérapeutique, le thérapeute est au cœur d'un imbroglio, pris dans des enjeux relationnels, et Comment permettre les rapprochements perceptuels, ou mettre du sens aux divergences, peut participer à mettre en place une démarche thérapeutique.

Les dangers de la communication paradoxale

> « *un message paradoxal est un message dont la structure enferme une telle contradiction qu'il communique en même temps deux contenus incompatibles* »
> *Edmond Marc , Dominique Picard ; l'école de Palo Alto ; page 62*

Ce qui vient à l'esprit, c'est la célèbre injonction paradoxale « sois spontané ». On comprend bien que cela est impossible dans la mesure où, vouloir répondre de manière spontanée en obéissant à l'injonction sort de la définition de la spontanéité.

Comme nous l'avons vu pour la perception, chacun reçoit un message avec ses filtres sensoriels, émotionnels, culturels… chaque fois que nous sommes en intercommunication, les deux récepteurs mettent du sens à ce qu'ils voient, ce qu'ils entendent, et cela génère de l'émotion.
Je m'autoriserai à lire l'axiome systémique « on ne peut pas ne pas communiquer » plutôt en ce sens « on ne peut pas ne pas recevoir de message » cela me semble plus lisible car j'ai pu comprendre que beaucoup de ceux qui découvrent la systémique, s'accrochent à l'idée « d'intention de communiquer », au détriment de l'idée de « recevoir un message » quoi qu'il se passe entre deux ou plusieurs personnes.
 Le message de chacun est proposé sous plusieurs formes : analogique, digital, contextuel, émotionnel…
Analogique : quelque soit ma position corporelle, mes déplacements dans l'espace, mes mimiques … l'autre perçoit un message en fonction de son expérience, de ce que ses sens lui ont appris à reconnaître.
Digital (ou verbal) :les mots, le débit,   le ton…là aussi l'expérience de l'apprentissage me donne des indications que je transforme en message possible
Contextuel : selon le lieu, les personnes présentes, les motifs de la séquence de communication, les statuts de chacun, nous avons tendance à prédéterminer un sens, à   imaginer un programme d'échanges (qui devient vite acte stratégique et de ce fait soumis aux aléas de la rencontre).

Emotionnel : comme nous l'avons vu, tout message est reçu avec une dose d'émotion selon comment notre expérience culturelle nous a construit.

Tout ceci n'étant pas exhaustif quant à tous les paramètres pouvant intervenir, nous comprenons cependant combien une séquence de communication est prise dans une multitude d'interactions à plusieurs niveaux ; et comment cela résonne chez chacun des communicants.

Chacun de nous s'est nourri de cette communication apprise tout au long de son expérience. Chaque fois que se présente un élément nouveau nous utilisons l'acquis perceptuel et communicationnel pour le confronter à la nouvelle situation et la comprendre. S'il y a non adéquation, nous tentons de réajuster nos acquis aux nouvelles informations afin de donner un sens logique et cela devient nouvelle expérience.

Chaque séquence de communication propose donc plusieurs niveaux de message, et pour que le récepteur se trouve en situation confortable de compréhension, ces niveaux se doivent d'être congruents, le message prend alors un sens logique.

Les conditions du paradoxe peuvent se loger à plusieurs niveaux : entre deux messages verbaux ; entre un message verbal et un message corporel ; entre le contexte et le message verbal ; entre le contexte et le message corporel ; entre le message verbal et le message émotionnel ; entre le message corporel et le message émotionnel …

Un ami me racontait un jour cette situation relationnelle : Quand il allait au bureau de son chef de service, il en ressortait souvent mal à l'aise alors que le dialogue, en tant que tel, ne prédisposait pas à cette gêne. Après réflexion et discussion avec un collègue qui ressentait la même chose, ils en arrivèrent à comprendre la situation ainsi : le chef de service n'émettait aucune difficulté à les recevoir, leur disant volontiers d'entrer, ce qui les renvoyait à l'idée qu'il pouvait être disponible et à leur écoute. En même temps, il s'affairait à ranger des papiers, à répondre au téléphone, à adresser un mot à des jeunes de l'établissement qui venaient demander un renseignement …

Cet aspect très affairé renvoyait alors un autre message de sa non disponibilité et/ou de son incapacité (pour plein de bonnes raisons) à demeurer à l'écoute, sinon de manière séquentielle.

Il devient difficile alors de se sentir bien face au double message.

Dans le cas de l'enfant dans sa famille, celui-ci va se construire avec les messages qu'il reçoit depuis sa naissance. Il va apprendre à donner du sens, à reproduire un mode relationnel, il va se créer des codes de communication.

Si je gronde mon fils, en haussant le ton et en prenant un air courroucé, les différents niveaux de message sont ajustés et proposent alors à mon fils un ensemble de niveaux logiques dans ma communication. (tel que je l'ai appris dans mon histoire familial, et au niveau plus large avec les gens qui ont participé de près ou de loin à ma construction personnelle)

Si je le gronde avec un grand sourire et une voix très douce, ou si je le félicite verbalement avec un air courroucé en haussant le ton ; cela ne rentrera probablement plus dans sa logique de communication ; il risque donc d'être décontenancé par un message qu'il reçoit et qui n'a pas de sens global pour lui. Que doit-il croire, le sourire et la voix douce, ou le contenu réprobateur ?

Certaines séquences de communication peuvent engendrer chez l'un des protagonistes, des émotions fortes, cela touche à ses ressentis, à sa logique. Il peut s'en trouver très affecté.

Dans cette séquence non congruente où l'enfant reçoit à la fois un niveau de message qui le réjouit (voix douce, sourire) et un niveau de message qui l'affecte (paroles blessantes par exemple), on peut imaginer qu'il se trouvera dans un état de confusion interne, dès lors que doit-il, que peut-il ressentir ?

Cette séquence perd tout sens, elle n'est plus en adéquation avec son apprentissage relationnel; elle n'entre plus dans son cadre perceptuel ; nous sommes dans le domaine de la communication paradoxale.

Qui n'a pas connu cette situation où le parent qui accompagne son enfant pour la première fois à l'école tente de dédramatiser la situation en lui disant « va vers la dame, c'est ta maîtresse » en même qu'il le retient fort contre lui, le

recouvrant de son bras ; en lui signifiant ainsi « je ne peux pas te laisser partir ! J'ai envie que tu restes vers moi ! » voire « cela me fait mal de te laisser partir »
Imaginons le message que reçoit l'enfant ; s'il reste vers son parent, il désobéit à l'injonction verbale d'aller vers la maîtresse ; s'il va vers la maîtresse, il désobéit à l'injonction corporelle de rester vers son parent. Si l'émotion affichée du parent vient culpabiliser l'enfant ; il lui devient alors impossible de partir vers le maîtresse dans des conditions sereines et sécurisantes.

Bien que nous ayons tous vécu plus ou moins ce genre de situation ; cela ne nous traumatise pas pour autant, mais cela n'a pour but que d'illustrer ce mode de relation, qui, s'il était répété dans le temps, pourrait positionner l'enfant dans un état de confusion. Il ne saurait plus ce qu'il doit croire parmi les différents niveaux de messages. Il n'arriverait plus à y répondre sereinement sans blesser son parent et pourrait alors souffrir de ne pas être loyal ni à son parent (message corporel et émotionnel de l'instant de séparation), ni au plaisir qu'il peut avoir à retrouver ses camarades et d'aller apprendre avec eux (ce qui correspond tellement au discours et à l'espérance de la famille).

Si cette situation devient habitude, il n'est pas impossible que l'enfant trouve des stratagèmes (consciemment ou inconsciemment) pour échapper à la double contrainte.

Michel est un jeune garçon de 12ans, il est adressé au SESSAD car en 6ème au bénéfice de l'âge mais surtout eu égard à un passé des plus tumultueux. Il a été changé trois fois d'école en primaire, a fait déprimer un instit nous dira-t-on ! Et c'est déjà son deuxième collège.

Qu'en est-il dans cette famille ? Le papa travaille ponctuellement pour de petits boulots, la maman est à la maison, le grand frère de presque 18 ans n'est pas scolarisé, il est suivi en hôpital de jour. Sa sœur de 16 ans, réussit tant bien que mal sa scolarité, et le jour de ses 16 ans arrête l'école sans qu'aucune pression familiale ne la guide vers une réflexion sur son avenir.

Michel a des capacités, mais ne s'adapte pas au collège. Personne à la maison ne l'incite à faire ses devoirs. Il s'arrange toujours pour se faire évincer de l'école.

Il a cependant réussit, avec l'appui SESSAD et une collaboration formidable des professeurs à tenir une année. Selon son désir et un peu à l'arrache, il entreprend un apprentissage en peinture qui le conduira finalement au CAP, non sans de nombreux réajustements intermédiaires, et la volonté d'un patron qui s'était fixé le pari de mener à bien cet apprentissage.

Cet exemple nous ramène à une réflexion que nous avons eue : Quels messages peut avoir Michel dans sa famille, concernant l'aspect scolaire ?
Tout signifie au quotidien que l'école représente peu d'importance, que ce cela n'est pas dans le registre des attentes ni de la reconnaissance des parents
Quel message renvoient les parents quand ils acceptent le SESSAD (mission de soutien à l'intégration scolaire) ? L'école c'est important !

On peut penser que l'école étant obligatoire, les parents n'ont le choix que de coopérer et donc, depuis qu'il est en primaire ont été obligés de proposer à Michel un double message
- d'un coté ils montrent au quotidien que l'école ce n'est pas important
- d'autre part ils disent à tous les représentants de l'éducation nationale, aux services sociaux puis au SESSAD : aidez-le à aller à l'école !

Quel message doit croire Michel ? Il n'est pas dupe, mais ressent ses parents dans la difficulté face à la société. Michel a montré par ailleurs qu'il est très loyal à ses parents ? Comment peut-il se comporter ?

Il s'est fait renvoyer plusieurs fois de l'école, à quoi cela servait-il ? On a admis alors cette lecture possible : Michel étant loyal à ses parents ; se trouve pris dans un conflit de loyauté ; doit-il être loyal à ce que ses parents montrent au quotidien ou doit-il être loyal à ce qu'ils disent aux gens extérieurs (sachant qu'ils n'ont pas vraiment le choix et qu'il y a des risques) ?

Quand son comportement scolaire devient ingérable, le tiers (établissement scolaire) le rejette, ce qui tend à résoudre le conflit de loyauté. Michel n'est plus scolarisé, mais c'est l'institution scolaire qui n'en veut plus. Ses parents deviennent probablement stigmatisés par le milieu social, mais ne peuvent subir des représailles pour non envoi de leur fils à l'école. Le dilemme du paradoxe et du double lien qui emprisonnerait Michel, n'est alors plus de mise.

Par la suite, et traversant encore quelques aventures épiques, Michel a pu s'accrocher à son apprentissage. On savait qu'il y avait là, loyauté à son père qui l'encourageait.
Cela provoquait même des réflexions de Michel « je pourrai ramener de l'argent et aider la famille. »

Cette lecture m'a conforté dans l'idée, qu'un enfant pris dans un conflit de loyautés arrive à trouver des stratagèmes pour s'en sortir ! Mais ces stratagèmes peuvent être répréhensibles ou condamnables ; ils peuvent même conduire à la prison ou tout au moins à des formes de répression.

Si l'enfant ne trouve pas de stratagème de manière interpersonnelle (sa communication aux autres) il devra probablement en trouver de manière intra-personnelle (au cœur de son fonctionnement interne) ; et il arrive que cela conduise à des manifestations qui feront appel à des soins.

Autre situation de communication paradoxale, citée par **Paul Watzlawick** , dans son livre « la réalité de la réalité » où il prend l'exemple d'un patient et de son médecin :

> *« ... ainsi, au cours d'un récent pique nique collectif dans uns un hôpital psychiatrique, un des malades grillait des steaks. Un médecin vint le trouver, et tandis qu'il engageait avec lui une conversation, les steaks se carbonisèrent. Quand l'incident fut plus tard commenté, il apparut que le patient avait considéré que s'ils étaient vraiment égaux, le médecin pouvait et devait aussi bien que lui faire quelque chose pour sauver la viande, alors que le psychiatre avait décidé de ne pas intervenir afin de ne pas donner au malade le sentiment qu'il le pensait incapable de faire cuire un steak. »*
>
> *Paul Watzlawick : La réalité de la réalité ; page 31*

le contexte relationnel fausse complètement ici les rapports d'égalité entre les protagonistes et à partir de là, intervient une série d'interprétations immédiates de la séquence où le patient se croit obligé d'être en discussion avec son médecin alors que le médecin , ne se comporte pas comme il l'aurait fait avec un ami.

J'aimerais reprendre cet exemple de **P. Watzlawick** par rapport au concept de distance de proximité ; on voit ici comment le médecin reste dans sa distance d'observateur eu égard à sa fonction de médecin psychiatre, de manière à ce que le patient demeure dans sa position de patient et reste l'objet de son observation, à partir de quoi il propose un mode relationnel basé sur la différence et non sur la proximité qui aurait incité le patient à réagir comme s'il s'était trouvé en présence d'un ami

Dans beaucoup de situations ordinaires de communication, le paradoxe vient troubler l'« ordre des choses » en lien avec le contexte, les statuts, l'histoire ...de l'un des protagonistes, au lieu de créer un espace qui serait un espace de communication authentique basé sur les compétences de chacun à réaliser une tâche en tant qu'individu compétent plutôt que présupposé incompétent ; ce qui fausse dès le départ l'authenticité de la relation.

Si le médecin avait présenté la séquence relationnelle comme une simple observation de la compétence du patient, celui-ci aurait répondu en tant que patient tendant à prouver sa compétence et se serait préoccupé de la cuisson, le tout restant alors congruent, les niveaux de compétences étant définis et clairs pour chacun (l'un l'observation ; l'autre la cuisson).

 Hors si le médecin induit le patient en erreur en lui proposant une relation de proximité (dialogue amical qui les positionne à niveau égal) tout en gardant la distance de médecin (reste l'observateur de son patient, il n'intervient pas face aux steaks qui crament comme il l'aurait fait avec un ami) on peut considérer que le patient est trompé , que se croyant l'espace d'un instant à égalité dans la situation de dialogue, il est conféré dans son statut de patient par ce double message qu'est la non participation du médecin, et qu'à partir de là, il est troublé, donc loin du souci de la cuisson du steak.

On peut ainsi rencontrer, dans certaines situations professionnelles, cette dimension où un supérieur hiérarchique propose une séquence de dialogue (proposition de niveaux égalitaires) avec un subordonné tout en conservant une attitude de distance (posture, ton …). Il y a alors tromperie sur l'intention en tant que proposition relationnelle. Le subordonné s'en sort généralement en restant à sa place de subordonné, car le contexte, quoi qu'il arrive, fait force de contenu et de sens à la relation. Le subordonné, en restant à sa place habituelle dans le contexte de la rencontre, s'évite un état de confusion ; ce qui peut être interprété par le supérieur comme une attitude de soumission.

Si je me replonge dans mon expérience canine, nous retrouvons ces phénomènes de communication paradoxale.

J'avais, il fût un temps, un mâle de race Shar Peï qui était très gentil avec les étrangers mais qui avait une sensibilité toute particulière aux comportements. Il lui arrivait, sans jamais avoir agressé qui que ce soit, d'émettre des grognements teintés de méfiance envers des gens qui voulaient le caresser mais se montraient hésitants. C'était pour moi l'occasion d'expliquer que le chien ne comprend pas le message paradoxal. Si j'avance vers lui avec une idée amicale et qu'au fond de mon être j'ai peur, des manifestations infimes de mon corps viennent trahir cette crainte. Le chien perçoit cette anormalité communicative qu'il peut interpréter comme dangereuse pour lui ; et il se méfie. Pour qu'il soit bien et en confiance, tous les niveaux de ma communication doivent rester congruents. Si la personne avait un niveau de message clair pour lui, c'est à dire amical et sans crainte il se comportait alors lui aussi de manière amicale et sans crainte.

Paradoxes, double contrainte, confusion

La confusion nait dès lors qu'à la réception du message il en résulte un doute sur ses propres sens. Il s'en suit une confusion intellectuelle. Comment gérer cette distorsion entre ce que mes sens m'ont appris et le message qui vient troubler cet apprentissage expérientiel ?
Mes sens m'auraient-ils trompé ?

Imaginons un jeune enfant qui tombe et se fait très mal. Nous avons tous un consensus sur la représentation de cette notion « d'avoir mal », il en est de même pour l'enfant. Celui-ci pleure et dit « j'ai mal ». Son père se précipite vers lui en lui disant « mais non, tu n'as pas mal ! »
Que ressent alors l'enfant ? Il est sûr de ce que ses sens lui ont appris, il sait ce que représente la notion d'avoir mal et c'est ce que son corps lui indique. Le discours de son père vient alors mettre un doute, comme si son enfant se trompait sur ce qu'il ressent.
Comme dans beaucoup d'exemples, si cela est occasionnel, il n'y a pas danger mais imaginons ce type de réaction répété et affirmé comme autoritaire de la part du parent.
L'enfant se trouve pris dans une double obligation : celle de croire à ce que ses sens lui indiquent ; ou croire, ici, son père en qui il a confiance.
La scène peut exister avec d'autres ressentis, comme la peur par exemple.

Combien ai-je entendu des parents dire à leurs enfants, face à un chien, « mais non il ne faut pas avoir peur ; regarde comme il est gentil ! ». Là encore, la peur est quelque chose qui se passe entre l'enfant et le chien, et qui a du sens dans cet imaginaire de l'enfant en référence à ce qui pourrait se passer. Qu'il ait peur n'a rien d'aberrant, car c'est ce qu'il ressent et adapté à la situation. Pourquoi alors nier ce ressenti? Ne serait-il pas plus pertinent d'apprendre à l'enfant à maîtriser sa peur, en lui expliquant les réactions des chiens, et en lui permettant de s'y confronter, à son rythme, ou bien de garder sa distance, c'est non seulement son droit, mais probablement ce qu'il peut mettre en œuvre sans être immergé par sa crainte. Imaginons ce même parent face à un boa envers lequel il ressent une profonde aversion ; les explications de l'éleveur suffiraient-elle à lui ôter sa peur ?

Seule la personne confrontée à la situation sait, et sent, ce qu'elle est en mesure de pouvoir faire. Les explications sur une connaissance de l'objet de la peur, peuvent l'aider à agir différemment, à se forger de nouvelles expériences et ainsi arriver à moins craindre ce qui l'effrayait, mais cela demande du temps et différentes expériences. Il s'agit ici d'aider la personne à modifier sa perception de la situation pour s'en créer une autre qui serait moins inquiétante ; et c'est seulement à ce moment là que pourra naître une relation authentique. C'est ce nouveau comportement qui fera, dans le cas de l'animal, qu'il ressent une relation plus congruente et donc moins dangereuse pour lui, et à son tour il aura un comportement qui vous apparaîtra plus sociable. Tout se passe dans l'interrelation.

Lorsque mes sens me donnent une information et que quelqu'un en qui j'ai entière confiance m'en donne une autre sur la même chose, cela peut engendrer un état d'incompréhension, créant un flou qu'il me faudra dissiper. Si cela n'est pas possible, il est alors admissible que certains comportements pourraient apparaître à des fins de s'extirper d'une position intenable et de sauvegarder sa santé intellectuelle voire mentale.

Jean, est un employé qui fait le mieux possible son travail, a de l'expérience, sait quand sa tâche est bien exécutée. A son usine, il se trouve face à un supérieur qui tente régulièrement de démontrer le contraire. Jean a appris dans son éducation familiale à être docile vis-à-vis de la hiérarchie. Chez lui on ne discutait pas l'avis des parents, ni celui de tout supérieur. Il n'a donc pas appris à contester ou à se confronter à l'autorité, c'est son éducation.

S'il conteste le supérieur il n'est plus loyal à son éducation, à ses parents ; s'il ne dit rien, il n'obéit plus à ce que son expérience professionnelle lui a appris. Il sait que son supérieur se trompe, mais ne peut le lui dire et, de ce fait, commence à se sentir très mal.

Alors qu'il n'allait voir le docteur que très rarement, il se met à écouter beaucoup plus son corps, à même amplifier ses petits maux, ceux là avec lesquels il avait appris à vivre prennent une ampleur considérable, à tel point que beaucoup d'arrêts de travail s'en suivent…

Chacun peut imaginer une suite à l'histoire, mais on repère dans ce genre de situations comment le comportement « maladif» de Jean intervient comme une bouée de sauvetage.

Bien sûr nous rencontrons tous les « y'a qu'à » qui pensent qu'il suffit de… mais le « il suffit de » n'a de vérité qu'en référence à eux même, et il n'est pas possible de penser « les autres » avec l'étayage qui nous a construit. Ici Jean est tributaire de son histoire, et ce qui représente un double lien pour lui, ne le sera pas pour un autre qui aura alors d'autres moyens de réactions et de communication..

Marius Alliod, sociologue, qui a été mon principal formateur pendant ma formation d'éducateur spécialisé à Recherches et Promotion, dans les années quatre-vingt, disait ceci : « *il est impossible d'imposer aux autres, nos propres saveurs de la vie* »

Cette phrase est restée comme une idée « fil rouge » tout au long de mon parcours, tant elle exprime en quelques mots ce qui guide mon rapport aux autres.

Sémantique et perception

Les mots ont un sens dans une culture identifiée. L'humain à la fâcheuse habitude de quelquefois employer certains mots pour dire autre chose que ce que pourraient laisser entendre les mots qu'il prononce.

Prenons le cas d'un tout petit enfant qui le soir, dans son lit, crie: « maman, je n'arrive pas à dormir » Doit-on entendre qu'il a de vrais problèmes d'endormissement (ce qui peut-être le cas bien sûr) ou que son message appelle à autre chose ?

Il arrive fréquemment qu'un câlin suffise à rendre le sommeil, ou tout au moins assouvisse le désir de se laisser plonger dans le sommeil.

L'enfant, sait, lui ce qu'il a besoin à ce moment-là, mais la communication humaine n'apprend pas toujours à dire « je voudrais un câlin » même quand c'est cela dont il s'agit.

Il m'arrive aussi de prendre cet exemple : Dehors il pleut des cordes. Un couple est à la maison. Le monsieur dit : « je vais aller faire un tour » , ce à quoi la femme rétorque « tu ne vas quand même pas sortir par ce temps là ».Si l'on considère que le monsieur est adulte avec toute la conscience qu'il a de ce que représente la pluie, qu'il peut se couvrir d'un imperméable, ou qu'il n'est finalement pas si grave d'être mouillé si cela doit être le cas, on peut imaginer que son épouse sachant tout cela lui envoie un autre message que ces simples mots. Peut-être a-t-elle simplement envie qu'il reste vers elle ? Mais il n'est pas toujours facile de dire à l'autre ce que l'on désire en utilisant les mots qui seraient les plus adéquats

Une collègue disait certaines fois avec humour à propos de son activité professionnelle, et voulant dénoncer ce qui lui semblait aberrant dans une organisation qui complexifiait au lieu de simplifier : « pourquoi faire simple quand on peut faire compliqué ! ». Cette réflexion m'amusait en même temps qu'elle me semble refléter la communication humaine.

De tous les outils mis à notre disposition pour communiquer, il n'est pas rare que nous prenions des chemins détournés pour exprimer ce que l'on veut dire. Il devient alors difficile pour l'autre, les autres, de saisir le sens du message.
Combien de fois m'est-il arrivé en racontant quelque chose, de sauter à pieds joints par-dessus des explications essentielles à la bonne compréhension. Alors qu'utilisant des raccourcis que j'avais construits par ma pensée, les liens qui étaient évidents dans mon esprit ne l'étaient aucunement pour mes interlocuteurs. Il nous arrive alors de ne pas comprendre que l'autre ne comprenne pas. Il se peut aussi que l'interlocuteur, n'ayant pas connaissance de notre mécanisme interne, apporte une contradiction qui nous exaspère. Pensez donc, c'est l'autre qui ne comprend rien à ce que je veux dire !
Si, qui plus est, l'histoire de mon interlocuteur lui a apporté un sens très différent des mots que j'échange avec lui, voyez dans quelle galère nous sommes !

J'emploie ici le mot galère dans un sens humoristique mais à y penser, il révèle bien les difficultés de la relation, et l'aventure dans laquelle nous sommes tous embarqués quand il s'agit de communiquer avec les autres en général, et avant tout avec nos proches.
Que de crises, de conflits naissent d'une communication défaillante.
La confiance ne peut pas naître sur des malentendus, et comme on peut le constater autour de nous, que de malentendus, que d'incompréhension. Chacun apporte sa « teinte » personnelle aux mots.
L'être humain est par essence complexe. Dès que l'on communique avec quelqu'un d'autre, cet autre s'empare de nos messages et les retraduit. On pourrait dire que la communication juste, celle qui transcrit exactement ce que l'on veut exprimer, est impossible.

En cela c'est une aventure perpétuelle que d'être en relation avec ses pairs, d'autant que cela fait émerger des sentiments, des émotions.

Un exemple me semble très explicite, c'est ce que l'on a coutume d'appeler l'humour noir, là où le sentiment l'emporte sur la sémantique et sur la finalité :

Un jour un de mes fils revient du collège en nous expliquant qu'un professeur n'était vraiment pas content de lui et avait été choqué par ses propos. Ils étaient en train d'étudier l'épisode de la « shoah », et mon fils adepte de l'humour un peu noir s'était empressé de sortit une blague du style : « cela a du coûter cher en facture de gaz à Hitler !» Cette réflexion a offusqué le professeur pour qui ce n'était pas un sujet de plaisanterie. Si je pouvais attester que mon fils était très intéressé par l'histoire des juifs, qu'il regardait souvent à la télévision, et avec émotion, films ou émissions traitant de ce sujet, il n'en était pas moins adepte de cette forme d'humour coutumière à la maison. Seulement, chacun de nous n'arrive pas forcément à dépasser le stade émotionnel dans ce genre d'histoire, ayant un vécu très personnel d'épisodes douloureux. On comprend, par exemple, que si l'on est soi-même parent d'enfant handicapé, nous pouvons difficilement recevoir un humour le concernant, eu égard au ressentiment auquel cela nous renvoie. On peut probablement rire de tout, mais pas avec tout le monde.

« Avant de bavarder, il faut s'approcher, avant d'échanger nos mondes internes et de se raconter nos histoires, il faut voir, percevoir, savoir à qui l'on s'adresse de façon à choisir la part de monde interne communicable à cet autre ».
Boris Cyrulnik ; les nourritures affectives; Page 26

Nous avons vu que s'approcher de l'autre n'est pas simple, cela revêt une écoute qui permette de déceler chez l'autre son acceptation, son ouverture à ce que je lui propose comme message en même temps qu'il est nécessaire de l'autoriser à faire un bout de chemin vers soi. Se rapprocher de nos perceptions respectives permet de tenter de regarder dans le même sens, avec une nouvelle trajectoire: avancer ensemble vers un objectif commun.

Communiquer en ce sens, devient très difficile mais nécessaire si l'on veut éviter bien des mots blessants et des maux naissants. Cela suppose que chacun abandonne sa vanité, et accepte de lâcher prise.

Pour terminer ce paragraphe sur le sens des mots, voire sur le double sens ; et pour amener une pointe d'humour ; je ne résiste pas à rapporter cette blague d' **Albert Meslay** ; défini comme un philosophe de l'absurde ; dans son sketch : les rires

« à la grande question : Louis XVI était-il coupable ?

Les faits sont là….. Oui….   au moins en deux. »

Troisième partie

Le théâtre de la vie

L'image de la vie - Vouloir peindre la vie, cette tâche, bien que présentée par les poètes et les philosophes, n'en est pas moins insensée : sous la main des plus grands peintres et penseurs il ne s'est jamais formé que des images et des esquisses tirées d'une seule vie, c'est-à-dire de leur propre vie, et il ne saurait en être autrement. Dans ce qui est en plein devenir, une chose qui devient ne saurait se refléter d'une façon fixe et durable, comme « la » vie.

Friedrich NIETZSCHE ; Humain trop Humain ; page 367

La scène de la vie

J'emploie ici le mot « théâtre » en ce sens que dès la naissance, la vie offre un espace de communication qui permet de jouer un rôle. Ce rôle a une fonction dans le système humain qui nous élève. Il est soumis à diverses injonctions affichées ou non dites qui permettent à « la pièce » de prendre un sens tel qu'il est attendu et entendu par les acteurs.

> *« ce par quoi les petits humains sont le mieux caractérisés est qu'ils sont aptes à acquérir le langage de ceux qui les entourent. Cela se passe approximativement toujours de la même manière. Quelle que soit la langue parlée, quels que soient les parents, ils parlent à leur petit comme s'il pouvait comprendre ; celui-ci écoute et regarde. Il saisit d'abord les inflexions inséparables de la mimique : le visage qui s'approche du bébé sans défense est avenant et le ton doux, les gestes agréables à sentir, ou le visage est dur, le ton hargneux, les gestes brusques, désagréables à subir ; la paix ou la peur en résultent... »*
> *Suzanne Borel- Maisonny ; perception et éducation, éditions Delachaux et Niestlé ; page 8*

L'enfant apprend les rudiments des comportements en fonction de ce que ses parents lui montrent ; c'est son premier rôle avec eux.
Seulement, sur cette scène de la vie, l'enfant est acteur de plusieurs « pièces » et il devra apprendre à jouer plusieurs rôles.

Ces « pièces » seraient les différents systèmes dans lesquels il est impliqué. Là où cela se complexifie, c'est que son rôle dans un système influe sur les différents systèmes dans lesquels chacun des acteurs est lui même impliqué. Chaque rôle ayant une fonction dans le système qui le met en scène.
L'enfant, dans son système familial proche répond aux exigences de ses parents, mais ceux-ci dépendent également des exigences avec leurs propres parents, tels qu'ils se sont construits dans leur histoire. Il est à la fois dans ce système

plus intime de la famille nucléaire en même temps qu'il apporte de nouveaux éléments et déséquilibre le système élargie.

De nouvelles questions se posent, de nouvelles exigences apparaissent. Au rôle des parents qui étaient jusqu'à présent les enfants de leurs parents, vient justement s'ajouter ce nouveau rôle de parents. Ces nouveaux parents ont alors de nouvelles fonctions.

La fonction parentale agit vers une finalité au sein de ce nouveau groupe familial, en même temps que la fonction d'enfant vis-à-vis de leurs propres parents agit vers une autre finalité et à un autre niveau plus large, le tout étant étroitement imbriqué et interdépendant.

On pourrait continuer à l'infini, mais cela nous montre comment il est impossible de réduire une histoire à son auto-fonctionnement présent ; il y a un avant et un après, il s'agit d'un processus évolutif et élargi.

 Il serait aisé de penser que le petit humain nait avec une prédestination, un rôle déjà pensé par ses parents, par ses grands parents ….ce serait nier déjà toutes les influences génétiques, mais aussi tout son système interne, sa part d'improvisation, ses désirs propres, sa capacité à exister.

Si l'on se limite aux quatre grands parents qui eux même appartiennent à quatre familles, et ainsi de suite, l'enfant possède donc un éventail culturel avec lequel il devra se construire.

« ce système généreux, où l'éventail est largement ouvert, offre à l'enfant un grand nombre de choix possibles. Mais si l'enfant choisit tout, il ne deviendra personne, car il ne peut pas habiter toutes les maisons, prendre toutes les habitudes, ni toutes les fonctions. Alors, on observe que c'est lui qui choisit à qui il va appartenir, de façon à construire sa personnalité en réduisant les possibles. L'aventure des couples modernes, dans les familles incertaines, rejoint peut-être ce modèle où l'enfant, dans l'éventail des possibles, choisit lui-même son appartenance pour s'y construire. »
  Boris Cyrulnik ; les nourritures affectives ; page 74

Dès lors, l'enfant va choisir son propre rôle sur la scène de la vie. Certes il va apprendre les répliques de la comédie humaine avec ses professeurs familiaux, mais il va se construire un registre beaucoup plus large au hasard des rencontres.
 Il entre dans le grand jeu de la vie.

Un des paramètres sur lequel j'insiste, c'est la notion de vie, de mouvement.
Lorsque l'on parle des gens ou des animaux, ce que nous relatons c'est leur mécanisme vital qui prend forme à travers les différentes relations qui les maintiennent vivants et singuliers.

Quand on mange du cochon, nous parlons de nourriture et non de l'animal.
Si je parle du cochon en tant qu'animal, je décris son mode de vie, son caractère, comment il se reproduit etc…
Nous sommes bien là dans le domaine de ce qui fait vie, sa vie.
Un stagiaire en formation me faisait très justement remarquer que la langue anglaise n'a pas cette confusion sémantique puisque l'animal vivant (pig) est différencié de l'animal en tant que nourriture (pork)

Autre exemple qu'il m'arrive souvent d'utiliser dans le cadre de la formation :
Lorsque chacun s'accorde à prétendre que telle équipe de football est une bonne équipe ; nous savons bien qu'il n'est pas question de onze personnes sur une photo où onze noms sur un papier. Ce qui fait la notion d'équipe c'est le jeu, les interactions des joueurs sur le terrain et hors terrain, c'est leur relation avec l'entraineur, c'est ce qui se passe entre entraineur et président, entre joueurs et président, entre joueurs, entraineur, président et la presse. C'est aussi ce qui se passe avec les spectateurs, c'est le passé, l'histoire de l'équipe.
On pourrait énumérer encore d'autres éléments, mais tous ont un point commun, ils font la vie de l'équipe, et c'est tout cela dont il est question quand on en parle d'une équipe.

Lorsque je parle de ce qui fait vie, je suis donc au cœur des interactions dans lesquelles l'individu est élément acteur et récepteur de messages à toutes fins utiles.

> « *comme l'homme est un être raisonnable et qu'il est continuellement à la recherche du bonheur, qu'il espère atteindre par la satisfaction d'une passion ou d'une affection, il agit, parle ou pense rarement sans but ni intention... »*
> *David Hume ; enquête sur l'entendement humain ; page 73*

Par essence, ce que nous appelons la vie, est une scène mettant en jeu divers acteurs, chacun dans son rôle, et dans ses rôles : celui qu'il se sent obligé de jouer, celui qu'il a choisi de jouer, celui qu'il est obligé de jouer, celui qu'il croit le meilleur pour lui , celui qui maintient son système vital en état de fonctionnement etc… l'homme agit toujours en fonction de finalités, rien n'est gratuit.

Je crois sincèrement que l'acte gratuit n'existe pas. Je veux dire par gratuit le fait qu'il n'y ait rien en retour. Dès que l'homme agit, il y a des motifs à cette action. J'entends ceux qui pensent tout haut aux actions humanitaires, à des gens comme l'abbé Pierre ou sœur Emmanuelle.

Sœur Emmanuelle, lors d'un entretien, et avec toute l'intelligence qui la caractérise, expliquait justement que si elle n'était que peu payée en monnaie, elle était payée au centuple de la part des gens qu'elle aidait. Bien sûr elle n'avait pas comme finalité à son existence d'avoir une vie dans le confort, avec jolie voiture, belle maison etc… mais la finalité de son action était d'aider les gens pauvres des bidonvilles ; avec ce qui va de paire, à savoir la reconnaissance. Elle expliquait très bien que c'est au niveau de cette reconnaissance qu'elle se sentait payée très largement. Elle avait le sentiment du devoir accompli, bien que pour elle il ne fût jamais accompli…

Depuis que nous sommes enfants, on nous apprend à jouer un rôle. J'emploie bien volontiers un terme que je déteste c'est le « on » ; mais ici il prend son vrai sens indéfini, en cela qu'il représente tout ce qui peut nous prêter l'idée du rôle qu'il faudrait jouer, et cela est très complexe.

Il y a mille raisons de jouer un rôle, toutes aussi bonnes les unes que les autres car elles entrent dans le registre de ce qui fait sens, de la perception, pour l'individu. Qu'il s'agisse de l'histoire familiale, des différents groupes d'appartenance, de ce que l'homme croit qu'il doit faire, de ce qu'il pense qu'il devrait faire, de ce qu'il croit que les autres croient, de ce qu'il croit que le contexte lui impose, de ce qui lui est véritablement imposé, de ce qui le rend loyal, de ce qui le flatte dans l'image qu'il veut donner etc… l'homme se croit souvent « obligé de » en fonction de sa finalité propre et/ou des finalités du système dans lequel il est impliqué.

Certes il y a les injonctions fermes de types « ordres » liées à l'autorité quelle qu'elle soit ; mais j'ai souvent constaté que certaines seraient des injonctions imaginaires du sujet.

 Combien de fois, en remplissant un questionnaire ne pense-t-on pas : il n'y a même pas la place pour tout écrire ! Alors que nulle part, il n'est noté qu'il est interdit de rajouter une feuille sur laquelle je pourrais écrire toutes mes remarques ?

Lors d'une formation ou tout autre réunion, lorsque chacun doit se présenter ; à moins qu'il s'agisse d'un cercle parfait, il n'est pas rare qu'une des personnes croyant être à une extrémité se croit obligée de commencer, comme s'il existait un ordre des choses qui venait commander l'action.

Lorsqu'un couple reçoit des amis, que la soirée dure plus que de coutume, et que l'un des deux se sent fatigué ; combien de fois reste-t-il présent en luttant contre le sommeil, en n'ayant pourtant qu'une idée : celle de rejoindre son lit. Qu'est ce qui l'en empêche alors ? Son éducation ? Ce qu'il croit que les amis vont penser ? Et pourtant si la chose est exprimée, les amis sont-ils trop idiots pour comprendre cela ? Véritablement non ; cela ne pose aucun problème réel, mais que de supposés problèmes. Mais s'ils sont supposés, et restent en l'état, ils deviennent problème puisque la supposition existe par la perception et que le problème supposé, en tant qu'il est perçu comme réel, devient réel.

Certains pourraient être tentés de dire c'est un faux problème ; je ne le crois pas, car si le problème peut être effectivement faux dans un raisonnement de type logique mathématique, il devient vrai dès qu'il est ressenti comme tel et aboutit à un agir adéquat au sentiment. On voit ici comment on peut jouer son rôle d'hôte, et que ce rôle devient une finalité en soi : bien remplir son rôle malgré les désagréments que cela inflige.

Je suis certain que chacun de nous, en observant multiples situations, s'apercevra de tous ces mécanismes très humains ou des gens se sentent obligés, alors que rien officiellement ne prête à ce comportement. Il s'agit de leur perception que cela doit être ainsi et en cela c'est leur vérité, donc cela doit être ainsi, puisqu' ils ont leurs motifs à le faire. Ils jouent leur rôle, et tout rôle a sa fonction dans le système qui l'agit.

Certains ont un rôle qui nous convient, qui fait écho avec notre propre rôle, un style qui facilite l'accès à l'autre. Ce que je perçois de ce que l'autre pourrait percevoir des valeurs de la vie s'offre comme un passage plus ou moins franchissable. C'est le phénomène de la rencontre. Le passage est-il sûr ? Quels risques y a t-il ?

Traverser le passage, c'est se rapprocher de l'autre, c'est aller flirter avec ses perceptions. Mais trop s'approcher des perceptions de l'autre, au point de risquer la fusion, c'est perdre une partie de son identité qu'il faut reconquérir en retournant puiser dans ses perceptions propres.
La relation à l'autre aménage cet espace sur lequel chacun apporte à l'autre un nouveau possible perceptif.
Certes, selon le contexte, la finalité n'est pas tout à fait la même, mais le mécanisme lui reste le même, à savoir confronter nos perceptions pour élargir nos horizons et évoluer ensemble.

Dès que l'humain parle de ses relations ; il les exprime souvent en terme de distance ou de proximité, comme une chorégraphie ou chacun se déplace, s'approche, s'éloigne. Un espace ou le talent individuel a besoin d'être reconnu en tant qu'il participe à l'élaboration de l'œuvre collective.

Il arrive parfois que cette distance ne convienne pas à l'un des acteurs, ce qui peut se manifester par un besoin de fusion : *être plus proche, plus lié,*
 Ou bien un besoin d'éloignement, auquel cas il voudra *prendre du recul.*
Celui qui parle d'un ami avec qui il s'entend bien dira « *nous sommes très proches* »
Mais s'il se passe quelque chose et qu'un danger guette il préfèrera *rester à l'écart* ou *garder ses distances*
Cet autre, regrettant une mésentente avec son conjoint traduira par « *il s'est éloigné de moi* »
Et si l'autre a quelques griefs, il pourra rétorquer « *je ne voulais pas rentrer dans son jeu* »
Tel autre adopte un comportement tel qu'on le trouve *attachant*
Ou encore celui qui vient d'améliorer sa relation et le traduit par « *cela nous a rapproché* »
Ce jeune qui ne trouve plus son compte avec sa bande de copains et qui préfère *prendre ses distances.*
Certains vont même jusqu'à *prendre de la hauteur* par rapport à tel évènement
Mais quoi qu'il en soit qu'est ce que l'on est bien avec *ses proches*

Qui n'a pas utilisé ou entendu ces expressions, qui situent généralement la relation en termes de distance et de proximité.
C'est en cela que cette notion m'apparaît fondamentale dans la relation à l'autre, tant elle contient à la fois le bonheur, le plaisir, le désagrément, le désir, la désillusion, l'équilibre, la peur, la satisfaction etc… et c'est souvent au cœur de cette notion que vient se loger le désir de changement.

Les jeux de rôles

Les personnes qui ont la chance d'effectuer des formations professionnelles ont quelquefois participé à des jeux de rôles. Qu'en est-il de cette mise en scène d'une situation ?
Un jeu de rôle est une session de formation pendant laquelle le formateur, propose un scénario où les participants auront des rôles différents. C'est une simulation de rôles que les participants peuvent rencontrer sur le terrain. Le jeu permet aux stagiaires de jouer différents rôles choisis pour représenter des situations supposées réelles.

Ici la finalité demandée est celle imposée par le système formatif, le stagiaire doit répondre à une commande du formateur : jouer un rôle tel que celui-ci le lui demande ; c'est en tous cas ce que je m'efforce de faire. J'admets m'imposer cette rigidité dans un but précis : celui de dédouaner le stagiaire d'avoir à répondre devant le groupe d'une attitude qui serait en résonance trop forte avec son vécu personnel. Je préfère lui donner un alibi pour ne pas avoir à en rendre compte (surtout dans le contexte d'une formation courte)

Je me souviens d'une stagiaire, il y a quelques années, à qui j'avais demandé de jouer le rôle d'une assistante sociale accueillant une famille. J'avais omis d'être suffisamment directif quant au comportement que je voulais proposer comme objet d'étude dans l'interaction. Je demande, dans ce cas là, aux mêmes acteurs de jouer une seconde fois la scène avec des outils systémiques que nous venons d'étudier.

Cette personne, lorsqu'elle a pris conscience des effets négatifs sur la famille lors du premier jeu eu égard aux ressentiments beaucoup plus apaisés des acteurs lors du deuxième, s'est trouvée très affectée.

J'ai alors compris que les résonances avec sa propre façon d'accueillir des familles, étaient trop fortes, et qui plus est, exposées au groupe. Elle a été submergée tout l'après midi.

Cela m'a cependant permis de toucher au plus près les mécanismes du jeu de rôle. Le stagiaire imagine ce que serait la réalité, il le joue avec son propre répertoire des comportements tels qu'il les a intégrés. En cela il imite la réalité, celle qu'il perçoit comme adéquate à la situation. Il y rajoute une dose d'émotion qu'il met en jeu comme imaginée dans la situation réelle. Il joue à jouer un rôle de la vie, de sa vie.

Que l'on soit dans le contexte de la vie, ou dans le contexte d'une pièce de théâtre, l'acteur adapte son jeu à une injonction qui le guide dans ses comportements. L'humain vit de ses perceptions, et lorsqu'il joue le rôle d'une séquence de la vie, il rejoue aussi les émotions comme s'il était dans le rôle originel. En cela, il n'y a donc pas de séquence qui serait réelle et une autre non réelle. Chacune des situations répond à des exigences ou seule la finalité change. L'interaction, même si modifiée par sa finalité, reste dans le domaine du vécu, du ressenti, qu'elle que soit la scène.

Le jeu de la vie

« *Pour le systémicien, le patient n'est pas une marionnette manipulée par le grand jeu des systèmes mais un acteur qui peut choisir les rôles qu'on lui propose, les interpréter, et par là influencer le déroulement même de la pièce dans laquelle il a accepté de jouer. Ceci est encore plus vrai pour l'adolescent, dans la mesure où ce n'est pas lui qui a écrit la pièce, du moins pour la plus grande part, dans la mesure aussi où tant de rôles s'offrent à lui dans la vie que rien n'est encore joué définitivement.* »
Guy Ausloos ; la compétence des familles éditions Erès ; page 37

A propos de la question du jeu, essayons de repérer, comment dans la vie quotidienne cette notion est aussi approchée au travers de nombreuses expressions :

Jouer un sale tour

Il a sorti le grand jeu

Tu ne vas pas jouer ce petit jeu là avec moi

Jouer un double jeu

Le jeu n'en vaut pas la chandelle

Jouer avec le feu

Ce n'est pas du jeu

Jouer la comédie

Là, je ne joue plus….

Ne Joue pas au con avec moi

Bien joué

T'as vu comme il se la joue …,

Jouer sur les mots

Je ne saurais dire si l'homme, par ces phrases considère que la vie est un jeu, mais il nous renseigne alors sur sa perception qu'il retranscrit par ce vocable.

Nous connaissons tous l'importance du jeu chez l'enfant. L'enfant serait donc en apprentissage de la vie, mais là où je m'interroge c'est que tout apprentissage aboutit à une forme de connaissance acquise que l'on pourrait assimiler chez l'adulte au fait du savoir.

A quelle âge se ferait ce passage du non savoir, du toujours en apprentissage, vers le stade de l'être accompli, celui qui a acquis le savoir ?

Existe-t-il un stade où ne serions plus en apprentissage ?

Quels seraient les indicateurs, hormis les règles légales, sociales, contractuelles, qui viendraient attester qu'un humain n'est plus en apprentissage ?

Certes entre le moment où l'enfant joue au docteur, rêve d'être médecin, et est reconnu dans la société comme médecin via des diplômes, il s'est passé bon nombre d'expériences que nous avons probablement appelées d'abord jeu, puis études, pour arriver à un statut.

Le statut est-il une finalité qui positionnerait le médecin dans une façon de vivre immuable, ou celui-ci continue-t-il de jouer au médecin, en fonction de :

- comment il s'est construit pendant ces années d'apprentissage de la médecine,

- de ce qu'il a appris des personnes en interaction qui ont accompagné cet apprentissage,

- de l'image qu'il s'est construite de la représentation du médecin,

- de ce qu'il croit que les autres pensent de ce que doit-être un médecin et comment il doit se comporter,

- de ce qu'il trouve respectable dans sa condition de médecin et qu'il pense que les autres doivent respecter,

- de sa gestion du pouvoir que lui confère ce statut, avec entre autre celui de s'approcher de l'intimité des personnes qui, au réel comme au figuré, se mettent à nu. ..... ?

J'émets le postulat, qu'il continue de jouer, de se représenter, d'agir en fonction de ce rôle qu'il s'est octroyé. Le diplôme arrive ici comme un rite de passage d'un statut sociétal à un autre, une attestation de sa conformité aux attentes, mais le processus ne s'arrête pas là pour autant. Il me semble impensable que le vieux médecin soit resté l'identique du jeune médecin qu'il était. Il a continué d'apprendre par le jeu de la relation, de l'expérience, en fonction des aléas intra-personnels et interpersonnels. De l'enfant qui jouait au docteur en se mettant en scène, au médecin proche de la retraite qui est toujours en scène, l'acteur a certainement modifié son jeu, ses perceptions du monde, de lui-même ; mais il reste un acteur puisque sa vie est un long processus (pas tranquille).

Les éducateurs de jeunes enfants, dans leur quotidien professionnel sont confrontés à cet aspect du jeu chez l'enfant. Quand on parle de jeu, intervient la notion de ludique, et il est dans leur préoccupation que le ludique est sérieux pour l'enfant, en ce sens qu'il permet à celui-ci de se construire, de poser des bases pour les futurs rôles qu'il aura à jouer, d'expérimenter, de construire ses perceptions sensorielles et émotionnelles...

Pour l'adulte, l'aspect ludique qui renvoie donc à cette affaire sérieuse chez l'enfant, deviendrait « pas sérieux ». Déjà, dès que l'enfant est scolarisé, et avec forte montée en puissance au fur et à mesure qu'il grandit, il doit répondre aux exigences scolaires, suivre le programme. Il a un rôle dans la grande pièce tragique, et gare à lui s'il ose le jouer sur le registre de la comédie.

> *« On peut en savoir plus sur quelqu'un en une heure de jeu qu'en une année de conversation »*   *Platon*

C'est comme si jouer, quand on est plus grand, arborait une connotation négative. Il m'est arrivé, dans mon travail d'éducateur, d'entendre des parents dire : « si c'est pour jouer avec mon enfant, ce n'est pas la peine, je peux le faire » ils expriment alors qu'il doit « travailler »

Ce n'est plus alors la notion d'apprendre qui est sérieuse, mais celle de correspondre à un programme, celle qui renvoie les parents et autres professionnels du scolaire, à un système de réassurance. Leurs perceptions de ce qu'apprendre signifie, connoteraient le sérieux dès que le mot travail vient s'accoler à l'apprentissage. Si cette appréhension semble bien sûr légitime, je crains qu'elle ne fige l'enfant dans un rôle déterminé, répondant à des exigences externes, mais ne lui permettant pas de continuer d'explorer, d'acquérir ce qui pourrait développer sa singularité. Malheur à lui s'il n'est pas tragédien, s'il apprend à être autrement.

Ce qui est paradoxal, c'est qu'en le confinant dans une action de l'apprentissage telle que définie par le programme, cela lui ôte toute possibilité d'expérimenter d'éventuelles compétences propres, non répertoriées dans le système scolaire, et en cela nie l'idée d'apprentissage telle que l'on pourrait la concevoir quand il s'agit d'apprendre à être.

> *« Garde-toi de donner par force aux enfants l'aliment des études, mais que ce soit en le mêlant à leur jeux, afin d'être encore plus capable d'apercevoir quelles sont les inclinations naturelles de chacun. » Platon*

D'aucuns me diront que le système scolaire dispense un savoir, c'est vrai ! Mais pour dispenser un savoir ne faut-il pas favoriser chez l'élève l'affirmation de ses compétences, la confiance en soi, l'élaboration de son « être » ?

Combien de fois entendons nous dire : « j'étais nulle dans telle matière, mais c'est un prof qui m'a donné envie d'apprendre, et je me suis mis à aimer cette matière, ou au moins à la comprendre »

Cette réflexion fréquente, montre à quel point la relation et la communication entre le professeur et ses élèves sont primordiales, et ce, quel que soit l'enseignement : scolaire, sportif, technique, etc…

Pour que l'élève joue son rôle d'élève, il est nécessaire que le professeur joue son rôle de professeur, c'est-à-dire favorise ce qui va amener la réplique de l'élève dans les meilleures conditions, et cela peut passer par l'aspect ludique, quel que soit l'âge de l'élève.

C'est là aussi un moyen de se rapprocher de l'être qui se cache derrière l'élève, en l'autorisant lui-même à s'approcher de l'être qui se cache derrière le professeur.

Quelquefois mes enfants m'ont parlé de certains professeurs en me disant « ouais ! il est génial ce prof» et quand ils me disent cela, ils ne me parlent pas du contenu mais de la relation, celle qui fait regarder le contenu autrement.

Quel que soit le statut de l'être que l'on appelle adulte, son cheminement depuis son enfance l'a entrainé vers des parcours sinueux, des moments de doute, de crise, de joie, de réussite, de reconnaissance…   Il s'est donné des rôles ; d'autres lui sont attribués et il les accepte en l'état, les refuse, les joue différemment.

Pour chaque étape de sa vie il met en œuvre des compétences, pas forcément celles que les estimations de la société exigeraient, mais celles qu'il a construit, qui correspondent à son parcours, qui tendent à maintenir vivant le système (ou les systèmes) dans lequel il est engagé, puisque l'un et l'autre sont interdépendants dans un processus vital

A l'instar de **Guy Ausloos** qui écrit que pour l'adolescent, la vie n'est jamais jouée définitivement, je rajouterai que le jeu demeure une constante tout au long de notre existence, puisque jusqu'à la mort nous aurons des rôles à jouer.

Naître c'est commencer à lutter contre la mort, et pour ce faire, il nous faut utiliser tous les stratagèmes possibles et inimaginables pour rester en vie.

L'essence même de ce qui fait vie serait surtout de ne pas mourir, mais il arrive qu'un ou plusieurs acteurs n'aient plus la foi dans leur rôle, que leurs actions perdent du sens ; c'est donc là où la fonction de l'agir n'est plus significative dans le système. Je veux parler ici, aussi bien du système interne à l'individu que du système externe. Dès lors l'un et/ou l'autre, voire les autres systèmes, tentent de se rééquilibrer. Si ce rééquilibrage ne s'opère pas de manière satisfaisante pour maintenir un équilibre vital, il se produit un dysfonctionnement, ou un déséquilibrage du système.

Ce déséquilibrage peut se manifester à plusieurs niveaux.

Au niveau du système intra-personnel d'un individu qui n'arrive plus à comprendre l'intérêt de son ou ses rôles ; le mécanisme de perception de son « agir » perd du sens en rapport aux finalités ; actes, pensée, et émotions sont en désaccord ; il est dans la confusion.

Au niveau du système interpersonnel (couple, famille…) qui a du mal à s'organiser avec l'individu qui fonctionne différemment. Le processus de réorganisation est en danger. Le système dysfonctionne. Chacun doit s'adapter et apprendre à jouer son rôle différemment. Il y va de la survie du groupe.

La question n'est pas ici de savoir qui a commencé, qui a tort, qui a raison. qui serait la cause de ce dérèglement des relations ?
Vouloir trouver des réponses à ces questions n'apporterait rien au fonctionnement des différents systèmes concernés par l'affaire. Il semble alors plus pertinent de l'aborder en terme de processus.

Quand la survie du groupe se trouve en danger, le système réagit, se réorganise en fonction du problème qu'il a identifié.
 Il s'arrange pour continuer à vivre en fonction de l'élément identifié comme malade, ou inopérant dans le processus.
Il peut s'agir aussi d'un nouvel élément dans le système, qui par sa simple présence vient modifier l'ensemble des interactions telles qu'elles fonctionnaient jusqu'à présent.
L'arrivée d'un enfant, dans un système familial ; par exemple, est un élément déclencheur d'une réorganisation qui perturbe les habitudes relationnelles de ses membres. La famille doit se réorganiser en fonction de ce nouvel élément car les interactions s'en trouvent modifiées.
Elle ne pourra pas, dès lors, se retrouver à un état identique à celui antérieur.

Le rôle de chacun se modifie, la pièce elle-même change de registre et de finalité. Chacun devant alors retrouver un équilibre dans son rapport aux autres en même temps que l'ensemble des interactions doit maintenir le groupe en état de processus fonctionnel et évolutif. Quand le système vacille, il cherche à retrouver d'autres mouvements pour « rester debout ».

Amusez vous à bousculer légèrement quelqu'un jusqu'au point de le déséquilibrer ; observez alors comment le corps réagit par des mouvements pas forcément appris mais qui viennent spontanément agir en vue du maintient de l'équilibre. Ces mouvements seront d'ailleurs proportionnels à la poussée déstabilisante telle que le corps l'enregistre.

Chacun des éléments du système s'agite, tente de modifier son action en corrélation avec sa propre perception qu'il a du déséquilibre.

Le consensus perceptif de l'ensemble des éléments composant le système, entraîne des enchainements d'interactions qui visent à protéger le fonctionnement.

Il arrive cependant que le système n'ait pas les clés pour ouvrir la porte à cette réorganisation, cela peut aboutir à une crise.

La notion de crise désigne ici la difficulté émergente qu'a le système à remettre en circulation de nouveaux modes de communication qui tendraient vers l'homéostasie.

Dès lors il s'en suit incompréhensions, souffrances, conflits…

Il est quelquefois nécessaire qu'un des membres, ou plusieurs, demandent de l'aide à un tiers, et font alors appel à un thérapeute.

Le système est alors en demande d'un retour à l'équilibre.

La perception collective ayant la représentation du fonctionnement antérieur, conduit donc généralement vers une demande de changement vers un état stable qui serait celui d'avant, donc de non changement.

Nous serions là face à un paradoxe type de la thérapie systémique.

Quatrième partie

L'aventure complexe
de la démarche thérapeutique

Lorsque qu'un individu, un couple, ou une famille demande à rencontrer un thérapeute, la demande est centrée sur la résolution du problème.

D'un point de vue conceptuel, j'entends ici le mot individu comme élément d'un système, et la famille, comme le système qui est en intercommunication avec l'individu demandeur (ou désigné)
Il existerait autant de types de systèmes familiaux qu'il y a de familles quand il s'agit d'identifier un groupe et ses patterns relationnels.

 Dans un système en consultation, chaque individu s'inscrit dans le présent, chargé du poids du passé, avec l'énergie du futur.
Quand ses sens lui font défaut, il ressent le besoin de réinvestir le registre de la signification. On pourrait dire qu'il est en panne de sens.

> *...On définit habituellement le système comme « un ensemble d'éléments en interaction » .*
>
> *A cette définition exacte mais trop simple, beaucoup d'auteurs ajoutent les notions d'organisation et d'équilibration, de finalités et d'environnement. La plupart des définitions omettent cependant de préciser que le système « évolue dans le temps ». A trop insister sur l'ici et maintenant, on a oublié qu'il y avait aussi un passé et un futur. C'est pourquoi nous proposons comme définition du système « Un ensemble d'éléments en interaction, organisé en fonction de l'environnement et de ses finalités et évoluant dans le temps »*
>
> *Guy Ausloos ; la compétence des familles ; page 49*

L'hypothèse, un outil à double tranchant

La première action consiste à écouter l'histoire, celle de l'individu, celle du système familial, celle de l'individu dans le système.

Dès lors qu'intervient le thérapeute, le système doit amortir ce nouvel élément et se réorganiser avec lui.

Cette entrée en matière annonce un premier paradoxe ; en même temps que le thérapeute serait un élément salvateur qui va résoudre le problème identifié par le système, et représente un élément solution plein d'espérance ; il en active en même temps, par sa simple présence, les mécanismes auto-organisationnels qui devront se réorganiser avec cet inconnu ; il est donc un élément perturbateur dès qu'il entre en action

> *« L'action est stratégie. Le mot stratégie ne désigne pas un programme prédéterminé qu'il suffit d'appliquer ne variatur dans le temps. La stratégie permet, à partir d'une décision initiale, d'envisager un certains nombre de scénarios pour l'action, scénarios qui pourront être modifiés selon les informations qui vont arriver en cours d'action et selon les aléas qui vont survenir et perturber l'action.*
> *La stratégie lutte contre le hasard et cherche l'information... ».*
> *Edgar Morin ; introduction à la pensée complexe ; page 106*

Une des premières pensées du thérapeute peut être d'élaborer une stratégie. Il va penser cette stratégie en corrélation avec son hypothèse.

L'élaboration intellectuelle d'une hypothèse fait référence à un savoir, en cela le thérapeute fait appel au mécanisme d'adaptation de connaissances acquises, à ce qu'il perçoit de la situation.

Guy Ausloos nous avertit de deux écueils possibles :

> *« - le premier tient au fait que la situation de thérapie n'est pas une situation expérimentale dans laquelle il s'agit de vérifier une thèse, mais une situation interactionnelle où les membres du système étudié sont autant acteurs que le thérapeute et où, par définition, il n'y a rien à prouver mais un processus à activer ;*
> *- le second écueil découle du premier : une thérapie n'a pas pour but la compréhension mais le changement. Elle n'est pas investigation, pas plus qu'elle n'est expérimentation et encore moins démonstration. Bien sûr nous avons tous, peu ou prou, été formés par l'épistémologie selon laquelle la compréhension était la voie obligée pour produire le changement. »*
> *Guy Ausloos ; la compétence des familles ; pages 65/66*

Le thérapeute est donc pris dans un deuxième paradoxe que serait ce mécanisme complexe d'agir sans comprendre, tout en ayant compris quelque chose.

Pour revenir à ce que nous avons vu dans la deuxième partie, rencontrer l'autre c'est s'approcher de ses perceptions et l'autoriser à s'approcher des nôtres.

L'hypothèse est le fruit de la perception du thérapeute, elle se construit en retour des perceptions qu'a la famille sur son propre fonctionnement, ou bien de l'individu sur son système familial

A ce niveau de la relation, le thérapeute reçoit une information qui, mettant en fonctionnement son propre mécanisme perceptif, l'aidera à élaborer une autre information qu'il propose au système familial.

L'information du thérapeute n'est alors pas une élucubration théorique, mais une lecture possible qu'il a construit grâce à ses connaissances, ses perceptions expérientielles ; à partir de l'information de la famille. Il la lui redonne comme une possible lecture. La famille se saisit de cette information qui devient nouvel élément avec lequel elle devra composer (adhérer, la réfuter …); en cela l'hypothèse alimente une proposition qui devient activateur du processus et remplit sa fonction thérapeutique.

Si la famille a ses compétences propres à résoudre ses problèmes, elle a besoin, d'être éclairée pour avancer.

C'est en m'imprégnant du concept de **Guy Ausloos** « la compétence des familles » que cette réflexion m'est apparue plus clairement :

Si le thérapeute s'appuie sur les ressources qu'a la famille pour résoudre ses difficultés propres, sa compétence à lui, en tant que nouvel élément du système, est d'aider à réactiver le processus relationnel, celui qui est supposé prendre vie au quotidien, sans la présence du thérapeute.

La thérapie, si elle est souvent appliquée à la rencontre entre le thérapeute et la famille, ne se résume pas à cet aspect puisque c'est un processus qui s'alimente de la présence d'un tiers pour prendre son essence dans le quotidien.

L'individu qui demande une thérapie a enclenché le processus, il a sa propre perception du problème, ou tout du moins il s'interroge sur sa perception du problème. Il est déjà en démarche thérapeutique quand il téléphone pour prendre rendez-vous.

Il continuera après, avec cette nouvelle expérience qui aura modifié ses propres perceptions de l'aventure relationnelle dans laquelle il est engagé.

La thérapie serait donc un processus qui possède un avant et un après la rencontre avec le thérapeute. C'est une démarche de l'individu et/ou partie du système qui se donne comme finalité d'améliorer la relation, d'apprendre à vivre mieux avec une réalité vécue au présent comme souffrante.

Nul ne sait quand cela a commencé.

L'individu (ou la famille), pointe qu'à un moment donné cela n'a plus fonctionné, il ponctue de manière à donner du sens en

s'appuyant sur un élément ou une séquence répertoriée comme plus ou moins responsable.
Ce serait réducteur et inexact de penser que l'élément déclencheur est lui-même l'origine d'un phénomène.

Imaginons le rocher dans la nature. Selon sa construction en tant que matière, son exposition aux intempéries, le contexte géographique, les éléments imprévus qui viennent provoquer des atteintes, sa transformation naturelle…il continue, quoi qu'il arrive, son processus d'érosion en intégrant les éléments modificateurs. Le mécanisme d'érosion s'appréciera dans la notion du temps. Tout élément venant provoquer ce mécanisme, ne serait pas la cause de l'érosion puisqu'elle existera de fait, mais viendra modifier son processus.
 Certains me diraient : et le décès dans une famille ? oui ! C'est un élément qui peut faire apparaître des dysfonctionnements internes ou relationnels chez ceux qui restent, mais si l'on accepte l'idée que réagir face à un évènement dépend de sa construction personnelle (tel que nous l'avons développé dans le premier chapitre) ; l'évènement ne crée pas le problème, il révèle une difficulté d'adaptation à ce qu'il apporte de nouveau. Le processus lui, continuera avec ses mécanismes de rééquilibration, d'ajustements,   de résilience aussi (nous dirait probablement **Boris Cyrulnik**.)
La difficulté se situe dans ce rapport qu'à l'individu ou la famille avec l'évènement ainsi que dans sa capacité à s'adapter au nouveau présent et à en percevoir le futur.

Nul ne sait où cela mènera.
Le processus subit les aléas des interactions, du hasard, de l'imprévu et à ce titre il est impossible de prédire ce qui se passera. Les nouvelles informations en entraineront probablement d'autres, internes au système qui s'auto-organise. Des intentionnalités voilées peuvent montrer leur plus juste visage.

Il serait illusoire de vouloir imaginer le déroulement futur d'un processus, puisque par essence il navigue en eau complexe.

L'hypothèse peut éclairer les patterns relationnels par une relecture proposée aux acteurs, en même temps qu'elle peut déstabiliser par l'apparition d'informations nouvelles.
Il m'arrive souvent de dire que mettre de la lumière renforce les zones d'ombre.

Autant dire que l'hypothèse sort du domaine de la connaissance pour se glisser dans celui de la complexité.

> *« toute connaissance opère par sélection de données significatives et rejet de données non significatives : sépare (distingue ou disjoint) et unit (associe, identifie) ; hiérarchise (le principal, le secondaire) et centralise (en fonction d'un noyau de notions maîtresses).*
> *Ces opérations, qui utilisent la logique, sont en fait commandées par des principes « supra-logiques » d'organisation de la pensée ou paradigmes, principes occultes qui gouvernent notre vision des choses et du monde sans que nous en ayons conscience. »*
> *Edgar Morin ; introduction à la pensée complexe ; page 16*

L'affiliation

Le mécanisme d'affiliation permet de s'approcher, se joindre au fonctionnement du système.
Il passe par une phase de mimétisme, ou adoption des codes relationnels de la famille
C'est une phase de proximité qui permet à cette famille de se lire dans l'attitude du thérapeute, de se trouver elle-même observatrice de ses propres fonctionnements. En cela elle y gagne généralement une certaine confiance pour peu que le thérapeute soit authentique, c'est-à-dire qu'il adopte ces codes et comportements comme étant lui-même un membre du système, sans qu'aucun jugement ne vienne, en parallèle, signifier qu'il joue (au sens sociétal habituel du terme), car cela apporterait le message d'un regard extérieur qui fait semblant, donc suspect.

Si la suspicion s'installe, le processus d'accompagnement risque fort de s'en trouver ébranlé.

Il faut, je le crois, une certaine dose d'empathie avec les membres du système pour réussir à s'accommoder de leur fonctionnement.

Mme Dupont est la maman d'un jeune pour qui l'aide du SESSAD a été sollicitée.

Lorsque j'arrive chez elle pour la première fois, je découvre une femme charmante, accueillante.

L'intérieur de la maison, sans être d'un style luxueux, laisse apparaître un « design » moderne qui fait preuve d'un goût certain. Elle a le sens de l'accueil, m'offre un café, se prête volontiers au jeu du questions/réponses. Toutes les conditions sont réunies, à priori, pour que chacun soit à l'aise.

Pourtant, je n'arrive pas à ressentir ce que j'ai coutume de ressentir dans des familles beaucoup plus modestes, voire très modestes (au sens financier et culturel du terme)

Là, je restais dans ma distance d'éducateur. Tout se passait très bien, mais je ressentais comme un manque à ma professionnalité, je n'étais pas satisfait, sans pour autant que quelque chose se passât mal. C'est plus tard, après de longues discussions avec ma collègue qui l'avait aussi rencontrée, que je crois avoir compris un des motifs à ma difficulté pour faire preuve d'empathie à l'égard de cette maman.

Moi, qui a été élevé dans un milieu très modeste, je n'arrivais pas à m'imprégner de sa façon d'être, ni du milieu dans lequel elle évoluait. Je ne pouvais associer quelque chose de ma vie, de ce qui m'a construit, à ce que mes perceptions me donnaient comme informations de sa vie à elle. Je crois que je craignais de me laisser aller à ce que je suis. Je n'arrivais pas à être vraiment authentique. Je n'avais pour moi que l'authenticité de l'éducateur, mais pas celle de l'être.

Si nous avons pu établir la confiance nécessaire aux exigences professionnelles, j'ai cependant bien conscience d'être resté à distance.

Mon propos n'est pas ici d'affirmer qu'il faut absolument ressembler à la personne ou vivre comme elle, bien évidemment, mais de mettre en évidence que certains points d'ancrage communs autorisent plus facilement l'affiliation et favorisent l'authenticité de l'intervenant. Nous dirons que sur un plan relationnel et à fortiori professionnel (quand c'est le cadre de la rencontre), cela ferait office d'élément facilitateur d'accès à une relation de confiance. Ce serait cette relation qui autorise l'intervenant et le (ou les) membre(s) de la famille a oser se livrer un peu plus et à accepter de modifier ses perceptions propres au profit de perceptions nouvelles admissibles par et pour tous (membres de la famille et intervenant).

> *« ... nous avons donc deux systèmes en présence, le système familial et le système thérapeute, qui envisagent chacun différemment le problème et la façon d'y remédier. Pour créer un système thérapeutique, il faut dans un premier temps que ces deux systèmes puissent se joindre, malgré leur divergence de point de vue... »*
> *Nathalie Duriez ; changer en famille ; éditions érès page107*

L'éducateur, ou le thérapeute, bien que les contextes d'intervention soient différents, n'a pas toujours la possibilité de s'affilier à la famille. La capacité de s'affilier n'est pas une caractéristique personnelle de la personne, c'est un processus qui prend essence dans la relation au cœur du système, en faisant appel aux perceptions de chacun.

C'est par essence un processus de distance et de proximité, car pour s'affilier, le postulat de départ est que le mécanisme se joue entre la fonction éducative ou thérapeutique (donc d'un membre représentant une instance extérieure); et sa fonction d'élément dans le système (en interaction à l'intérieur du système).

J'emploie ici l'association éducateur ou thérapeute, car lorsqu'on travaille avec les familles, la frontière est quelquefois floue. Certes, le mandat et le contexte balisent l'action de chacun et autorisent ou non certaines scènes thérapeutiques, mais la finalité n'est pas si éloignée d'une situation à l'autre. L'action éducative en famille, si elle est menée avec le souci systémique, peut, elle aussi, engendrer des effets thérapeutiques

L'aventure d'une relation amoureuse

Quand deux personnes se rencontrent, qu'un attrait s'impose à eux, le mécanisme de distance et de proximité est en effervescence. Le besoin d'être tout prêt de l'autre, dans tous les sens du terme, réduit la notion de distance à néant. Un risque guette : celui de ne plus s'attacher à ses perceptions propres pour épouser celles de l'autre, de nier ce qui me singularise, de fusionner au point que les deux existences n'en feraient plus qu'une.

> *« Au début de la rencontre, c'est justement l'impression d'avoir le même point de vue sur les choses qui alimente le sentiment amoureux. Mais cet état de fusion initial tend à masquer les divergences qui existent entre les amants. C'est au fil de la relation qu'ils vont progressivement subir les conséquences de leurs différences. Les problèmes du couple tournent souvent autour de détails de la vie quotidienne qui revêtent pour l'un une signification importante, tandis que pour l'autre, ils ne méritent pas que l'on s'y attarde... » Raphaëlle Miljkovitch, dans un article de Psychomédia N° 23, intitulé « Amour : que veut l'autre »*

Deux personnes qui se rencontrent, c'est aussi deux histoires qui se rencontrent, et qui viennent même s'affronter en un combat de loyautés affichées ou voilées, en une confrontation de ressentis qui évoluent, de perceptions puisées dans le puits de l'histoire pour remonter dans le seau des amants assoiffés (cela met un peu de poésie).
Comme l'érosion pour le rocher, ici le temps apporte son lot d'usure, de modifications.

Après la fusion, la confusion, peut apparaître la défusion. Ce serait un pas en arrière, un retour vers d'autres perceptions, une construction qui nous tient debout quand il n'y a plus l'étai de l'autre, un voyage aux sources pour alimenter la rivière du couple.

Jean et Jocelyne sont venus consulter. Ils arrivent main dans la main, comme pour nous montrer leur union, comme pour nous indiquer le chemin qu'il faut suivre, celui de la ré-union ; alors qu'ils viennent pour une défusion qui leur empoisonne l'existence.

Ils se sont rencontrés il y a deux ans ; et très vite se sont retrouvés dans cet état de fusion : s'appelant par téléphone plusieurs fois par jour, chacun prenant le temps de s'extirper de ses occupations pour répondre à l'autre, ne faisant rien l'un sans l'autre.

Petit à petit, Jocelyne, qui a besoin de reconnaissance au niveau de son travail, montre son plaisir dans cette existence professionnelle, alors que Jean crée une petite entreprise qui va happer son temps.

Les relations se modifient. En même temps que l'entreprise de Jean vacille, il vit dans la peur de perdre ce qui le reliait si fort à Jocelyne.

Celle-ci commence à ressentir l'attitude de Jean comme pesante, elle ne lui répond pas à chaque fois au téléphone, prétextant sa réalité professionnelle. Jean, qui se donnait beaucoup pour son entreprise, n'était pas disponible pour un temps de couple. Il décide de tout laisser tomber et de se recentrer sur sa vie avec Jocelyne alors qu'elle a besoin d'exister dans son travail.

Ils n'arrivent plus à se comprendre et tout est prétexte à interprétation, discussion, dispute…

Jean aimerait revenir comme avant, ce temps où Jocelyne lui apparaissait totalement disponible. Jocelyne ne le désire pas.

Ils veulent reconstruire un présent, mais ne sont pas d'accord sur les modalités : cette perception étant liée chez Jean à un état affectif fort et un comportement qui, pour lui, va de paire avec cet état (comme c'était avant).

Celle de Jocelyne est liée à une reconstruction où chacun serait plus libre, moins étouffé.

Jean vit cela comme un éloignement, un rejet ; il n'arrive pas à le vivre sereinement…. Tout changement, ou discours allant dans le sens d'un changement chez Jocelyne est vécu par Jean comme une diminution de l'amour qu'elle lui porte.

L'érosion fait son œuvre. J'entends ici par érosion, les effets inévitables du processus auto-organisationnel du système. En cela, elle n'est ni négative, ni positive ; elle est action naturelle dans un espace temps.

On peut alors penser qu'un voyage dans l'histoire, dans l'enfance ; qu'un retour aux processus qui les ont alimentés dans leur construction psychique et relationnelle, serait d'un grand secours pour qu'ils réussissent à s'approcher de leurs perceptions respectives du présent.

Cependant, cette hypothèse qui sort tout droit d'une perception intellectuelle du thérapeute, ne peut à elle seule expliquer et à fortiori, permettre de comprendre. La relation, dans son aspect complexe, revêt probablement des dimensions cachées qu'il leur appartient ou non de dévoiler.

Entre ce que chacun dit, pense, donne à voir, croit, s'illusionne sur ses propres intentions et celles de l'autre… en même temps que chacun vit de contraintes internes et interactives,

de ce qu'il rêve et de ce qu'il peut réaliser , de ce qu'il pense que l'autre devrait faire, de ce qu'il croit que l'autre pense de ce qu'il fait…

Que peuvent-ils mettre dans la construction commune d'un cheminement qui leur conviendrait à tous les deux ?

Le thérapeute aura une fonction de décodage, en ce sens qu'il ouvrira des possibles vers une relecture mutuelle des codes de chacun, vers une perception qui ouvrirait à lire les actions de l'autre non pas comme dirigées contre soi mais comme une nécessité pour l'autre dans son processus individuel. Comment être « soi » dans le « nous » ? Comment le « je » et le « tu » deviendront-ils compatibles pour élaborer le « nous » ? Mais le « nous » avec « tous les autres »…

L'un recherche la proximité, l'autre veut y mettre un peu de distance. C'est cet espace qu'ils pourraient construire, un espace où chacun perçoit l'autre comme suffisamment proche pour se sentir aimé et suffisamment distant pour se sentir exister seul. L'un désire ce mouvement, l'autre s'attache actuellement au point fixe de la proximité.

Se dégager de leur propre perception pour accéder à celle de l'autre peut être vécu comme dangereux.   Ce serait probablement une des conditions supposées pour se respecter et reconnaître l'autre dans son être, mais encore faut-il que chacun ait la même finalité pour s'engager dans ce processus commun.

Le lâcher prise

L'intervenant, qu'il soit thérapeute, éducateur ou autre, pourrait avoir cette fâcheuse posture de vouloir absolument comprendre, maîtriser, expliquer. (Pour des raisons pratiques, j'emploierai ici le terme d'intervenant pour généraliser mon propos à toutes relations d'aide.)

Si cela peut paraître rassurant sur sa condition d'intervenant, cela n'a de sens que dans la perception qu'il a de son rôle. A trop vouloir comprendre, il encoure le risque de guider le système dans lequel il est engagé vers une réponse qui serait celle qu'il attend, au travers de ses propres filtres, et non celle qui serait adéquate aux individus composant le système.

Toute explication, si elle a un sens logique peut apparaître pertinente,   mais peut ne l'être que dans une lecture intellectuelle sans tenir compte des réalités de chaque individu qui sont en interactions.

Méfions nous de ce que nous croyons logique ! Tout énoncé peut, sous l'apparence d'une évidente logique, se construire sur un postulat faux.

Prenons, en exemple, cette petite devinette :

Trois messieurs prennent une consommation à la terrasse d'un café. Le serveur apporte la note de vingt- cinq euros. Ayant le désir de partager, chacun met dix euros sur la table.

Le serveur empoche donc les trente euros (trois fois dix) et revient avec les cinq euros de différence

Pour simplifier les comptes chacun reprend un euro (ils reprennent donc, au total, trois euros) et laissent les deux euros restants en pourboire.

Selon toute logique, chacun ayant mis dix euros et repris un euros aura payé neuf euros

A eux trois ils ont donc payé trois fois neuf euros soit vingt sept euros et laissé deux euros de pourboire. Si nous faisons le compte, cela fait vingt sept euros auxquels s'ajoutent les deux euros de pourboire, ce qui fait un total de vingt neuf euros ! et pourtant ils en avaient mis trente sur la table. Où est passé l'euro qui manque ?

Je laisse à ceux qui ne connaissent pas la réponse le loisir de réfléchir à l'illogisme dans l'énoncé, qui peut pourtant paraître d'une logique implacable.

Cette petite histoire n'a pour but que de pointer comment une logique discursive peut nous entraîner vers une pensée erronée même en référence à une réalité comptable.

L'être humain a la faculté de pouvoir se décrire avec une logique compréhensible pour son interlocuteur en tant que logique de fonctionnement dans le système. Il peut, pour ce faire, faire fi d'un autre niveau de logique que serait celle d'une finalité personnelle sous jacente, consciente ou inconsciente.

Il serait naïf de croire que chacun est toujours honnête et / ou conscient quant à son désir profond. Il a, de plus, à répondre à diverse injonctions qu'il peut ou non apporter dans sa formulation.

En cela, l'intervenant peut se laisser entraîner dans une logique qui n'aurait de sens que dans sa propre perception, en référence à sa propre histoire. Le risque est grand, alors, de redonner une information au système, qui aille dans le sens logique d'une personne, celle avec qui l'intervenant aurait le plus d'empathie.

En cela il deviendrait partial avec un membre de système et sortirait ainsi de sa fonction d'intervenant, que serait celle d'espérer un changement.

Si la partialité peut permettre à celui qui en récolte le fruit, de se sentir reconnu et légitime dans ses actes et ses affects, l'intervenant devra alors, dans un souci d'équité relationnelle, proposer une approche partiale avec chacun des membres présents. Cela lui demandera un abandon temporaire de ses résonances pour essayer de permettre à chacun des membres de la famille de profiter d'un moment de partialité.
Cette technique qui me semble un outil nécessaire, est initiée par le concept de « partialité multidirectionnelle » introduit en 1966 par le thérapeute *Yvan Boszormenyi- Nagy* ; Son but est de restaurer la confiance au travers de l'équité du « donner et du recevoir » ; et s'appuie sur l'éthique relationnelle. Nous ne sommes pas, avec ce concept dans une dimension de la morale, mais du droit qu'à chaque être humain a être traité de manière équitable.

Cela demande à l'intervenant d'avoir cette capacité de pouvoir permettre à chacun de se sentir reconnu et légitimé dans ses actes , ses pensées et ses « mérites », au regard des autres membres de la famille.

Cette démarche réclame une authenticité dans ce rapprochement entre l'intervenant et les membres de la famille. Elle nécessite une réelle capacité à se défaire de ses « a priori », de sa compréhension, de son hypothèse de départ.

Pour cela, il devra lâcher prise sur la finalité qu'il poursuit afin de se rendre accessible au cheminement de l'autre et disponible à la moindre information verbale ou digitale.
En cela, il enrichit son propre processus pour nourrir la famille et/ou l'individu de nouvelles informations.
Cette démarche vise à ce que le système de l'intervenant et celui de la famille se rejoignent dans ce nouveau système qu'ils créent ensemble, et qu'un processus commun se mette en place au sein duquel chacun apportera sa lumière.

Scène d'un jeu de rôle :

Marie, éducatrice reçoit une maman, son mari, et José leur enfant placé dans l'institution où travaille Marie. Elle est accompagnée de Mélanie sa collègue éducatrice.

D'emblée Marie prend la parole, questionne, demande des explications. Sa conduite d'entretien est dynamique.

Mélanie, se sent un peu inutile, elle sort deux phrases pendant l'entretien pour tout juste demander deux petites précisions sur ce que dit la maman.

Marie continue son entretien. Des moments d'émotion forte surgissent. José est un peu fermé, il a quelquefois du mal à trouver ses mots mais tout semble se dérouler de manière acceptable pour les observateurs.

Pourtant quand je demande à chacun ce qu'ils ont ressentis ; il en ressort que :

La maman, le papa et José se sont sentis envahis par Marie, ils n'ont pas le sentiment d'avoir été écoutés par elle. Ils se sont même sentis accusés, fautifs.

Par contre tous les trois s'accordent à dire que Mélanie a beaucoup apporté, ils se sont sentis entendus par elle.

Que s'est-il passé ? Alors que la maman disait « c'est vrai qu'avec ma maladie, José reste beaucoup enfermé quand il est à la maison ; il passe beaucoup de temps devant l'ordinateur » et que Marie continuait à converser sur l'intérêt d'aller dehors et des dangers de l'ordinateur à forte dose, Mélanie est juste intervenue pour questionner la maman: « votre maladie ? »

Du coup la maman s'est mise à expliquer qu'elle ne supportait pas le monde, qu'elle était très angoissée, qu'elle prenait des médicaments …Le papa reprenant l'argutie pour l'expliquer à José, en lui disant que ce n'était pas de sa faute si elle ne sortait pas beaucoup avec lui ; la maman s'adressant à son tour à José etc… Il s'était produit un mécanisme de circulation d'informations entre les membres de la famille.

Marie avait une sorte de programme établi pour sa rencontre, elle avait besoin de maîtriser le déroulement, cherchant à vérifier ses hypothèses et confirmer ses perceptions, concernant la vie de José le week-end, dans sa famille.

Mélanie, qui ne ressentait pas l'importance de son rôle dans cet entretien, s'est contentée d'être une professionnelle à l'écoute, se laissant porter par les échanges. C'est sans doute ce qui lui a permis de repérer ces petits mots qui arrivent là discrètement, par-dessus lesquels on saute facilement à pieds joints, alors qu'ils peuvent, s'ils sont relevés, réactiver une communication riche dans le système familial.

Elle ne cherchait pas l'information pour étayer ce qu'elle pensait, mais restait à l'affût de la communication. Elle a su de ce fait, par une simple question, permettre à la maman de s'expliquer au regard de son mari et de José. Chacun le savait, mais demeurait dans sa perception sans que cela soit échangé dans la famille.

Le rôle de Marie a eu cette fonction de permettre à Mélanie d'être dans cette position de « lâcher prise ». Celle-ci a alors pu s'enquérir de façon pertinente d'une information pour la remettre au service du fonctionnement familial.

Lorsque l'on a le désir d'aider au changement, il n'est pas rare que cette finalité prennent toute la place et nous entraine vers une illusion de la performance

Toute l'énergie se focalise alors sur le changement, et peut conduire à une forme d'impatience thérapeutique. L'intervenant prend le risque d'être aux aguets de tout ce qui rejoint sa perception du changement possible, et de se détourner des solutions offertes par la famille. Celle-ci peut nous entraîner dans les méandres de son fonctionnement et renvoyer la certitude à l'intervenant qu'il s'est affilié alors qu'il s'est laissé happer par la toile des interactions familiales.

Il est par définition acteur au cœur des interactions mais avec un rôle précis.

L'intervenant dans un processus de changement n'aurait pas à être compétent pour produire le changement qu'il espère, mais pour redonner de la compétence à la famille à trouver elle-même ses propres solutions.

Un proverbe dit ceci : « donne un poisson à un affamé, tu le nourris pour la journée, apprends lui à pêcher, tu le nourris pour la vie »

Une des difficultés majeures pour une rencontre à visée thérapeutique est de structurer son intervention tout en laissant émerger l'imprévisible. Cela demande d'avoir des stratégies, qui sont soumises aux aléas, tout en lâchant prise pour permettre la créativité de la famille ou de l'individu.
Exercice difficile qui, je le crois sincèrement, ne pourra devenir opérant qu'en étant coloré d'une grande humilité de l'intervenant.
Lâcher prise sur son propre mécanisme de compréhension et de maîtrise, permet probablement à l'autre de ne pas se sentir jugé et ainsi de s'autoriser à exister avec plus de confiance.
Cela ne signifie pas qu'il faille abandonner ce mécanisme, puisque c'est lui qui conditionne le rôle et la fonction de l'intervenant ; mais le laisser se nourrir de ce qui fait vie chez l'autre me semble plus pertinent pour que sa fonction s'inscrive dans la construction commune de perceptions nouvelles qui seront les prémices au « changement. »
Le changement n'est pas une construction mentale, il est co-construction active par le système, qui, elle, est balisée par les représentations de chacun.

Je propose ce petit exercice mental pour tendre vers le « lâcher prise » : l'intervenant qui arrive dans une famille, imagine qu'il arrive sur une autre planète. Cela l'oblige à observer, à découvrir du sens en s'appuyant sur les interactions des indigènes, et limite les ancrages dans sa propre histoire. Il doit alors développer au maximum ses sens et se concentrer sur leur fonctionnement et leurs explications pour s'approcher de leurs perceptions.

__Iván Böszörményi-Nagy__, né le 19 mai 1920, à Budapest (Hongrie) et mort le 28 janvier 2007, à Glenside (Pennsylvanie) (États-Unis)). Psychiatre américain connu, dès la fin des années cinquante, pour son travail de pionnier dans le domaine de la thérapie familiale et de la psychogénéalogie, et dont l'œuvre, considérable, a eu un impact qui continue de s'étendre aujourd'hui.

Son approche thérapeutique encouragea de nombreux thérapeutes de famille du monde entier – et particulièrement en Europe - à intégrer des concepts psychanalytiques à la thérapie familiale.

Nagy est certainement surtout connu pour avoir développé une approche contextuelle. D'un point de vue théorique, cette approche est au croisement de la systémique et de la psychanalyse. Elle intègre un paradigme nouveau qui repose sur l'éthique relationnelle, à savoir la juste répartition des mérites, des bénéfices et des obligations dans les relations interpersonnelles. En effet, Nagy considère la confiance, la loyauté, et le support mutuel comme les clefs qui caractérisent les relations intrafamiliales et maintiennent la famille unifiée. Bien qu'inspirée, à la base, par le modèle psychodynamique, la thérapie contextuelle a toutefois la particularité de mettre l'accent sur la nécessité d'intégrer les principes éthiques au processus thérapeutique lui-même. Le rôle du thérapeute est alors d'aider la famille à travailler sur la prévention des conflits émotionnels ainsi que sur le développement d'un sens de l'équitabilité parmi ses membres.

Pour ne pas conclure

> *... Si nous acceptons une des idées base du constructivisme, à savoir que nos réalités sont toujours des constructions et des explications réalités sont des explications que nous donnons au monde extérieur, alors nous pouvons commencer à comprendre qu'une bonne thérapie peut consister à changer une construction douloureuse de la réalité en une construction moins douloureuse. Ceci ne signifie en aucune manière que cette construction soit plus « réelle » que l'autre, elle est seulement moins douloureuse.*
> *Paul Watzlawick ; entretien avec Mony Elkaïm San Francisco le 12 juillet 1990*

Le domaine de la communication humaine revêt une complexité qui n'autorise pas à en définir les contours.
Chaque situation de communication fait appel aux dimensions interpersonnelles et intra-personnelles ; en cela elle n'est pas assimilable à une autre situation.
Seuls quelques mécanismes, parce que socioculturels, viennent attester d'une forme de similitude mais ne révèlent pas sa dimension cachée.

La relation d'aide s'adresse essentiellement à cette dimension cachée, c'est au cœur de celle-ci qu'elle puise des éléments qui pourront servir de tremplin à l'évolution et au changement.

Le levier que je me suis proposé d'aborder, m'apparait pertinent en ce sens qu'il agit sur la relation en s'attachant aux espaces de rapprochement nécessaires à l'identification, à l'affiliation, tout en conservant les espaces de distance nécessaires à l'élaboration d'un cheminement.
C'est dans le pareil que je me reconnais, c'est dans la différence que je prends conscience d'un espace à conquérir. C'est vrai entre les membres de la famille, c'est vrai dans leur relation avec l'intervenant, c'est vrai dans toute relation duelle.

Il ne s'agit en rien d'une éventuelle recette, mais seulement du postulat que ce mécanisme puisse ouvrir à des intentions, des désirs de changement.

Cette manière d'être en relation exige authenticité, conviction, et éthique. Elle est plus ou moins aisée selon le niveau de relation où se passe le rapprochement. Elle peut concerner un ou plusieurs niveaux de communication.
Les notions de distance et de proximité ne peuvent pas se jouer sur le même niveau de relation, ce qui engendrerait une communication paradoxale.
Je ne peux pas être à la fois proche et à distance émotionnellement dans une même séquence relationnelle, mais cela devient possible entre deux séquences différentes.

Je peux par contre être proche intellectuellement et dans la distance émotionnellement ;
Je peux me rapprocher des perceptions de l'autre en même temps que je peux faire valoir des perceptions différentes possibles, liées au statut, à une formation, à mon histoire, mon expérience, au cadre qui nous réunit… et vice-versa.

La distance de proximité serait le concept d'un jeu subtil et complexe, dans une relation qui relie deux ou plusieurs personnes ayant le souci d'avancer ensemble. Elle s'appuierait sur les ressemblances et les différences de chacun pour tendre vers un rapprochement des perceptions en même qu'elle se sert de la distance pour ouvrir un espace sur lequel chacun peut s'engager.

Sur le tableau de la relation, ce serait une couleur secondaire, ou selon la position de chacun et l'instant, l'une des couleurs primaires domine mais ou l'autre est toujours accessible à notre perception.
Ce n'est donc pas une distance fixe, mais un jeu de mouvements.

 Elle ne se résume pas, cependant, à ces quelques mots réducteurs car elle est action dans la complexité humaine et en cela peu prédictible dans son processus relationnel.
Ce mécanisme prend tout son sens thérapeutique dès lors qu'il se propage pour s'installer entre les membres du système familial, et qu'en cela il aide à de nouvelles perceptions des membres du système de leur fonctionnement, et   qu'il contribue à une réorganisation acceptée et acceptable pour tous

Comme il m'est impossible de conclure, car conclure c'est un peu bloquer le temps et l'espace ;   je propose quelques citations, ou passages de livre, qui nous aideront peut-être à ne pas se figer dans l'instant ou dans l'écrit, mais alimenteront la réflexion en participant à l'élaboration du processus qui continue quoi qu'il arrive, puisqu'il est la vie

Pourquoi l'on contredit.*- on contredit souvent une opinion, tandis qu'en réalité, c'est seulement le ton sur lequel elle est présentée qui ne nous est pas sympathique.*
Nietzsche Humain trop humain page 223

La vie de l'ennemi.*- Qui vit de combattre un ennemi a intérêt à ce qu'il reste en vie*
Nietzsche Humain trop humain page 308

Ce qui nous sert à voir l'idéal.*- tout homme capable se bute à sa capacité et ne peut pas s'appuyer sur celle-ci pour juger librement les choses. S'il n'avait par ailleurs une bonne part d'imperfection, sa vertu l'empêcherait de parvenir à aucune liberté intellectuelle et morale. Nos défauts sont les yeux par lesquels nous voyons l'idéal.*
Nietzsche Humain trop Humain page 390

Etre mal compris.*- Lorsque l'on est mal compris en bloc, il est impossible de supprimer complètement un malentendu de détail. Il faut se rendre compte de cela pour ne pas user inutilement sa force à se défendre.*
Nietzsche Humain trop Humain page 496

...Les hommes nommés « pères » ne savent plus très bien ce que désigne ce mot, à quoi il contraint, ce qu'il permet, quelle place il donne dans la famille et dans la société ? Si personne ne nomme « père » un homme, ni la mère, ni les enfants, ni la société, comment voulez-vous qu'il se sente père ? S' il est réduit à un rôle de planteur de graines et de signataire de chèques, comment voulez-vous que se tisse le lien affectif qui va l'imprégner de sentiments paternels ?...
Boris Cyrulnik ; le nourritures affectives ; page 94

...A moins qu'une culture n'invente le bon code, celui où l'homme peut encore s'exprimer, parler et gouverner sans détruire son prochain. Ce code a un nom, c'est la tolérance. Il faut apprendre à se décentrer de sa propre pensée en admettant qu'il n'y a pas qu'une seule manière d'être humain. Car tant que nous mépriserons les autres, nous oscillerons entre la violence du désordre et celle d'un seul ordre...
Boris Cyrulnik ; les nourritures affectives ; page 146

...La pathologie de l'idée est dans l'idéalisme, où l'idée occulte la réalité qu'elle a mission de traduire et se prend pour seule réelle. La maladie de la théorie est dans le doctrinarisme et le dogmatisme, qui renferment la théorie sur elle-même et la pétrifient. La pathologie de la raison est la rationalisation qui enferme le réel dans un système d'idées cohérent mais partiel et unilatéral, et qui ne sait ni qu'une partie du réel est irrationalisable, ni que la rationalité a pour mission de dialoguer avec l'irrationalisable...
Edgar Morin ; introduction à la pensée complexe ; pages 23/24

Note d'humour

> " *L'intelligence est la chose la mieux répartie chez l'homme, parce que, quoi qu'il en soit pourvu, il a toujours l'impression d'en avoir assez, vu que c'est avec ça qu'il juge* »
>
> *Coluche*

Bibliographie

Principaux livres qui, lus dans leur totalité ou pour une toute petite partie, sont venus éclairer ma démarche

Boris Cyrulnik ; les nourritures affectives éd : Odile Jacob

David Hume ; enquête sur l'entendement humain ;
éditions Flammarion

Paul Watzlawick ; la réalité de la réalité ; éditions du Seuil

Paul Watzlawick ; le langage du changement ;
éditions du seuil

P. Watzlawick ; J.Helmick Beavin ; Don D. Jackson; une
logique de communication ; éditions du Seuil

Edgar Morin ; introduction à la pensée complexe ;
éditions du Seuil

Edgar Morin ; Le paradigme perdu : la nature humaine ;
éditions du seuil

Edmond Marc , Dominique Picard ; l'école de Palo Alto ;
éditions Retz

Friedrich Nietzsche ; Ainsi parlait Zarathoustra ;
éditions le livre de poche

Friedrich Nietzsche ; Humain, trop Humain ;
éditions Hachette

NIETZSCHE biographie d'une pensée Rüdiger Safranski
éditions Solin actes sud

Lorenzo Vinciguerra ; Spinoza les textes essentiels ,
éditions hachette

Klaus Ferdinand Hempfling ; Danser avec les chevaux ;
éditions Vigot
Suzanne Borel- Maisonny ; Perception et éducation,
éditions Delachaux et Niestlé
Guy Ausloos ; la compétence des familles ; éditions érès ;
collection relations
Nathalie Duriez ; changer en famille ; éditions érès ;
collection Relations

Les articles

Raphaële Miljkovitch ; Amour : que veut l'autre ? ;
article paru dans PSYCHOmédia N° 23 pages 9.10.11

Les revues
Le groupe familial ; familles en confiance ; N°133 octobre-
décembre 1991
Le groupe familial ; dettes et dons, ce que donner veut dire ;
N° 144 juillet-septembre 1994

Sommaire

Dédicace particulière à
Dominique, Serge, François et Sylvie
Formateurs à RESEAU

www.ingramcontent.com/pod-product-compliance
Lightning Source LLC
Chambersburg PA
CBHW051820250726
48659CB00005B/1583